U0942275

謹以本書紀念

D. Elton Trueblood

移動的聖所

與傅士德一起靈修 30天靈命操練之旅

傅士德 著 / 黃大業 譯

▼

靈修著作精選

移動的聖所

與傅士德一起靈修：30 天靈命操練之旅

Seeking the Kingdom

Devotions for the Daily Journey of Faith

作者
傅士德 Richard J. Foster

譯者
黃大業

責任編輯
張碧嘉

裝幀設計
奇文雲海 · 設計顧問

■

出版 / 發行
基道出版社
香港沙田火炭坳背灣街 26 號富騰工業中心 10 樓 1011 室
LOGOS PUBLISHERS
Unit 1011, 10/F., Fo Tan Ind. Centre, 26 Au Pui Wan St., Shatin, Hong Kong
電話：(852) 2687-0331 傳真：(852) 2687-0281
網址：https://www.logos.com.hk

承印
陽光 (彩美) 印刷有限公司

●

版權所有 · 請勿翻印
© 2022 基道文字事工有限公司
7/2022 初版
Cat. No. LP677
ISBN: 978-962-457-626-9
Copyright © 2022 by Richard J. Foster,
Originally published in the U.S.A. by HarperSanFrancisco
A division of HarperCollins Publishers.
Chinese Edition © 2022 by Logos Ministries Limited

ALL RIGHTS RESERVED
Printed in Hong Kong

經文取自《新標點和合本聖經》，香港聖經公會版權所有，承蒙允許使用。

刷次	10	9	8	7	6	5	4	3	2	1
年份	2031	2030	2029	2028	2027	2026	2025	2024	2023	2022

目錄

contents

PART TWO: MOVING UPWARD

第二部　往上移動

PART THREE: MOVING OUTWARD
第三部　往外移動

譯序

為一本導讀書寫導讀，這聽來挺搞笑——但又不盡然，畢竟，這是一本「古書」，作者又是「古人」，可能要人幫忙介紹。

説傅士德是古人，因為他的成名作《靈命操練禮讚》(*Celebration of Discipline*)寫於上世紀七十年代末，而另一本重要著作《禱告真諦》(*Prayer*)寫於九十年代初。

本書共三十章，選自他的四本著述，除了上述兩本，還有《返璞歸自由》(*Freedom of Simplicity*)、《基督徒看錢、性與權勢》(*Money, Sex and Power: The Challenge of the Disciplined Life*)。

三十年前的著述，對今日的基督徒還有啟迪嗎？一個來自未有智能手機、甚至未有互聯網世界的靈修書作者，憑甚麼為今日世界的基督徒作生命嚮導？

日前重看英國廣播公司一輯藝術史舊片 *Sister Wendy's Story of Painting*，上世紀九十年代製作，主持人是著名的溫蒂修女（Wendy Beckett）。她講述繪畫史起始，有句話很堪玩味：「藝術會改變，但那不是改善。」（"Art changes, but it doesn't get better."）她認為藝術是人性的表達、人性的極致、人性的真相，因此藝術只會改變，不會改善——這真是對藝術與人性的禮讚與洞見。

好的靈修著述，豈不也像藝術？不會過時，總有啟示。

當然這不是將傅士德的靈修書比作藝術品，不過就算最粗心的讀者，相信也可從傅士德的著述發現他的寫作用心；而本書編者更從四本傅士德著述輯錄三十個篇章，分為「往內移動」、「往上移動」、「往外移動」三部，帶領讀者從三個向度反思天國的奧祕與門徑：先在心底尋獲上帝，然後在主裏進深，繼而在生活中踐行——這不正是萬古不變的屬靈定律嗎？誠如約翰一書作者所言：「寫給你們的，不是一條新命令，乃是你們從起初所受的舊命令……」惟願大家在本書那些好像熟悉不過的道理中，聽到主耶穌親自給我們的確據：「天國的奧祕，只叫你們知道……凡有的，還要加給他，叫他有餘。」

黃大業 謹識

二〇二二年四月七日

如何使用本書

若想盡量從本書獲益，你需要這幾樣在手：聖經、筆記本、筆。

「反思」的部分可能是幾條問題，也可能是靈命操練或默想指引。

偶爾你可能想作出回應，可以在筆記本或本書空白位置寫下感受。

某些章末有「延伸研習」，這不過是一點建議，為較能付出時間深究課題的讀者而設。

第一部

往內移動

PART ONE: MOVING INWARD

論到我們的生命或上帝的心意，沒有任何事比人心轉化更重要了。保羅是人心轉化的頭號倡議者，他提及自己為加拉太信徒「受生產之苦，直等到基督成形在你們心裏」（加四19），又在另一封書信說「〔上帝〕預先所知道的人，就預先定下效法他兒子的模樣」（羅八29）。

基督成形在我們心裏，讓我們效法並轉化為耶穌基督的樣式——這必須成為最崇高最神聖的任務。可惜的是，我們對塑造品格的基本屬靈要素所知極少。盼望本書所選取的篇章能夠助你了解上述過程，使你得以「在我們主——救主耶穌基督的恩典和知識上有長進」（彼後三18）。

01
攔阻我們禱告的是甚麼？

—

讀經

—

你不要害怕！因為我救贖了你。

　　我曾提你的名召你，你是屬我的。

你從水中經過，

　　我必與你同在；

你趟過江河，

　　水必不漫過你；

你從火中行過，必不被燒，

　　火焰也不著在你身上。

因為我是耶和華——你的上帝，

　　是以色列的聖者——你的救主；

我已經使埃及作你的贖價，
　　使古實和西巴代替你。
因我看你為寶為尊；
　　又因我愛你，
所以我使人代替你，
　　使列邦人替換你的生命。
不要害怕，因我與你同在；
　　我必領你的後裔從東方來，
　　又從西方招聚你。（賽四十三1下～5）

今日我們渴求禱告，卻又逃避禱告。禱告吸引我們，卻又嚇退我們。我們相信禱告是應做之事，甚至是想做之事，但在實況與實行之間，彷彿存在一道鴻溝。我們都經驗過不想禱告的煎熬。

是甚麼攔阻我們禱告？我們不明所以。當然工作與家庭責任令人忙不過來，但這是托詞而已。人怎樣忙碌，也不會沒有時間飲食、睡覺、交歡。其實窒礙我們禱告的，是更深藏更重大的東西。事實上，有許多「東西」攔阻我們禱告，本書稍後會一一探究，在此卻要首先講一樣最值得我們關注的。現代成功人士幾乎都有這種通病：以為必須「萬事俱備」才可以禱告 —— 在認真禱告之前，生命必須作出微調，我們必須認識更多禱告方法，或研習禱告的哲學思辯，或通曉禱告的深遠傳統……這些「萬事」數之不盡。

這些關注並非不好，花時間探討這些關注也有需要，不過禱告的起點給搞錯了 —— 是本末倒置了。我們以為掌握禱告的方法，就像掌握代數或汽車機械工程一樣：必須將自己放在「居上」的位置，勝任十足，掌控自如。事實恰恰相反，禱告是將自己放在「居下」的位置，冷靜且刻意地交出控制權，令自己變得無用無能。格莉芬（Emilie Griffin）說：「禱告是甘願變得天真。」[1]

我從前以為必須校正一切動機才可以禱告 —— 真誠地禱告。譬如說，我會參加禱告會，然後檢視自己在小組的禱告內容，對自己說：「我這禱告又愚蠢又自我中心！我不能這樣禱告呀！」因此我決定不再禱告了 —— 除非我的動機變得純正。你知道我不想虛偽嘛！我知道上帝又聖潔又公義；我知道禱告不是施魔法唸咒語；我知道不可利用上帝滿足私慾。然而這一切自我反省的結果，無非是癱瘓自己的禱告生活罷了。

事實是，人人都帶著混雜的動機去禱告 —— 為人的**與**為己的、慈心的**與**狠心的、甜美的**與**苦毒的。坦白說，今生今世，我們**永難**分開好的與壞的、純潔的與不純的。但我漸漸領悟，神的心胸廣大，能夠接納我們的良莠。我們毋須聰穎、純潔、信心滿滿或怎樣怎樣。恩典就是這個意思。再者，我們不僅靠恩典得救，更是靠恩典度日，而且靠恩典禱告。(《禱告真諦》)

—

反思

—

攔阻你禱告的是甚麼？你可以列出清單，用筆記下，這可能對你有幫助。有的因素可能較明顯，例如關乎時間或機會，但也會有一些較深藏、較不明顯的攔阻，例如你對禱告的觀點，甚或上帝在你心中的形像。

在禱告中，誠實地將你的清單帶到上帝面前，不帶任何自義的想法，向祂招認那些攔阻你與祂相交的東西。

最後，重讀本章開頭以賽亞書的經文，想像上帝藉著經文親自向你說話——提你的名召你，因祂看你為寶為尊。

02
上帝的饒恕

—

讀經

—

耶穌又說：「一個人有兩個兒子。小兒子對父親說：『父親，請你把我應得的家業分給我。』他父親就把產業分給他們。過了不多幾日，小兒子就把他一切所有的都收拾起來，往遠方去了。在那裏任意放蕩，浪費資財。既耗盡了一切所有的，又遇著那地方大遭饑荒，就窮苦起來。於是去投靠那地方的一個人；那人打發他到田裏去放豬。他恨不得拿豬所吃的豆莢充飢，也沒有人給他。他醒悟過來，就說：『我父親有多少的雇工，口糧有餘，我倒在這裏餓死嗎？我要起來，到我父親那裏去，向他說：父親！我得罪了天，又得罪了你；從今以後，我不配稱為你的兒子，把我當作一個雇工吧！』於是起來，往他父親那裏去。相離還遠，他父親看見，就動了慈心，跑去抱著他的頸項，連連與他親嘴。兒子說：『父親！我得罪了天，又得罪了你；從今以後，我不配稱為你的兒子。』父親卻吩咐僕人說：『把那上好的袍子快拿出來給他穿；把戒指戴在他指頭上；把鞋穿在他腳上；把那肥牛犢牽來宰了，我們可以吃喝快樂；因為我這個兒子是死而復活，失而又得的。』他們就快樂起來。」（路十五 11～24）

詩人說上帝不輕看「憂傷痛悔的心」（詩五十一17）。但對身處現代世界的人來說，「憂傷痛悔的心」究竟是甚麼意思？怎樣才能經歷這種悲痛、破碎、哀傷、悔改？

一切從懇求開始。但願你不覺得這說法是老生常談，因為這真的是人轉向上帝的至大至深道理。**我們**就是無法令自己心生痛悔。痛悔不是靠某種情緒、某種氣氛、某種音樂可以造就的東西。痛悔是上帝的恩賜——就是這麼簡單——不過上帝樂意施予所有懇求這恩賜的人。

因此我們可以放膽且不斷向上帝求痛悔的心，求哀傷哭泣的心。我們可以祈求說：「主啊，讓我領受流淚的恩賜。」假若心底沒有湧出憂傷，我們就繼續懇求，繼續尋找，繼續叩門。

我們就像耶穌比喻中那個稅吏，向上帝呼求：「上帝啊，開恩可憐我這個罪人！」（路十八 13）不僅說一遍，也不僅偶爾說幾遍，卻是時時刻刻不斷地說。古老的崇拜詩歌《垂憐經》（*Kyrie, Eleison*；意即：主，求你開恩）正是源於這比喻。著名的《耶穌禱文》也是源於這比喻：「主耶穌基督，上帝的兒子，開恩可憐我這個罪人。」我們與歷世歷代信徒同聲祈求悔改的恩賜——「流淚的恩賜」。有時我們的禱告甚至化約為僅僅幾個字：「開恩啊！」（"Mercy!"）

然後是認罪。我們坦承自己欠缺信心、遠離上帝、內心剛硬。在滿有慈愛與恩惠的天父跟前，開口承認自己的罪——沒有藉口，沒有修飾——諸如不信與紛爭，傲慢與自滿，還有羞於啟齒、數不勝數的惡行。魯益師（C. S. Lewis）說得好：「真正的基督徒，會不斷監察內心污水坑的惡臭。」[1] 保羅也曾發出令人側目的哀歎：「我真是苦啊！」（羅七 24）這是成熟的基督徒在渴求一顆痛悔的心。

我們要堅拒藉口和砌詞，卻要誠心說：「這是我的過失，最重大的過失。」這是傳統的認罪儀文。它接著說：「我們承認這些罪，還有那些記不起的罪。」十七世紀詩人弗萊徹（Phineas Fletcher）詩云：

滴滴眼淚
　　落在佳美雙腳——
從天而至
　　福音和平之君。

淚眼莫停，
　　求祂開恩憐憫。
罪惡聲稱
　　要追索我性命。

藉你江河
　　洗淨我罪與懼。
別看我罪，
　　但看我淚盈盈。[2]

最後是領受。我們的上帝既信實又公義，同時滿有慈憐，祂會赦免我們的罪，洗淨我們一切的不義（約壹一9）。祂就像那浪子的父親，遠遠看見我們回轉歸家，就主動奔向我們，將我們不配得且掙不到的美好禮物，厚厚賜給我們。（《禱告真諦》）

反思

在默想中將自己想像為「浪子歸家」比喻中的浪子。你若從沒試過這種角色扮演，要記得關鍵是順著故事的勢向而行，切莫質疑或分析。要積極投入故事角色，不要做個被動的觀察者。

首先要溫習比喻中的事件順序。

閉上眼睛。想像自己是那浪子，遠離家鄉，又餓又苦。盡力想像周遭環境細節（若被豬欄以外的事吸引，是沒有問題的）。

然後開始歸家，在路上不斷練習待會兒要對父親說的話——要用你自己的話。

然後與父親重逢，領受他的愛意。

最後回想整個默想，留意自己的感受和反應。問上帝要透過這故事告訴你甚麼。

03
客西馬尼園的學習

讀經

耶穌出來，照常往橄欖山去，門徒也跟隨他。到了那地方，就對他們說：「你們要禱告，免得入了迷惑。」於是離開他們約有扔一塊石頭那麼遠，跪下禱告，說：「父啊！你若願意，就把這杯撤去；然而，不要成就我的意思，只要成就你的意思。」有一位天使從天上顯現，加添他的力量。耶穌極其傷痛，禱告更加懇切，汗珠如大血點滴在地上。

禱告完了，就起來，到門徒那裏，見他們因為憂愁都睡著了，就對他們說：「你們為甚麼睡覺呢？起來禱告，免得入了迷惑！」（路二十二 39～46）

我們在客西馬尼園學習「放手的禱告」——懷著既愛且畏的心，定睛看那情景：孤單的身影，落在錯節的橄欖樹幹上；如大血點的汗珠，滴落在地；從心而發的呼聲：「求你把這杯撤去！」最後是放手：「不要成就我的意思，只要成就你的意思。」（路二十二39～46）我們務要常常默想這無與倫比的「放手」時刻。

這裏記載道成肉身的聖子，在淚眼中向聖父呼喊，但祂的祈求不蒙應允。看啊，耶穌知道禱告不蒙應允的難耐。他真的渴望那杯可以撤去，因此向聖父呼求。「你若願意」表達了探問與疑惑。聖父的旨意尚未全然向祂揭示。「有其他辦法嗎？」「還有其他方式可以救贖世人嗎？」答案是：「沒有！」慕安德烈（Andrew Murray）說：「他為了我們的罪，苦苦承受禱告不蒙應允的重擔。」

這裏記載人類意志怎樣全然放下。我們的內心交戰，想要「成就我的意願」而不是「成就你的意願」。我們有最好的理由去捍衛自己的意願：「我作主，總好過別人作主！」「而且，我會好好行使權力，成就最好的目標！」但在客西馬尼園，我們學習的功課是：不要信任出於自己心思、意念、志願的東西——就算這些東西並不明顯地涉及罪。耶穌向我們展示了更美的路——乃是無助的路、放棄的路、放手的路。「要成就我的意願」要伏在「不要成就我的意願」之下。

這裏記載全然融入天父意願是怎樣一回事。耶穌的最大關注是「成就你的意願」。要稱頌、踐行，甚至捍衛上帝的意願，不是太困難的事——直到上帝的意願跟我們的意願出現衝突，我們便劃清界線，心中辯論，進而自我欺騙！但在客西馬尼園，我們得知「我的意願、我的方式、我的好處」必須伏在更高權柄之下。

但我們別以為這一切唾手可得——若然如此，反而對我們不是好事。掙扎是「放手的禱告」的要素。有留意耶穌再三求天父把那杯撤去嗎？千萬不要弄錯了：耶穌真的可以不上十字架——只要祂選擇不這樣做。祂有選擇的自由，也有真正的選擇，而祂甘心選擇順服天父的意願，不順從自己的意願。

這不是簡單的選擇，也不是權宜之計。耶穌的禱告充滿掙扎，充滿血汗，而且掙扎到深宵時分。放手不是易事。

聖經中的中流砥柱，都經歷不少掙扎：面對兒子，亞伯拉罕選擇放手；面對如何演繹以色列拯救者的角色，摩西選擇放手；面對與拔示巴所生的兒子，大衛選擇放手；面對自己將來的命運，馬利亞選擇放手；面對想要上帝除掉他肉體上的那根刺的渴望，保羅選擇放手。

掙扎是重要的，因為放手的禱告，是基督徒的禱告，而不是認命。我們不將自己交付命運。凱瑟琳．馬歇爾（Catherine Marshall）說：「認命是因為對上帝的愛欠缺信心……認命是默默躺在塵土中，而上帝似乎已經離開那個世界，盼望之門也在眼前閉上了。」[1]

我們決不囿於一個預設並預定的將來。我們的宇宙是開放的，不是封閉的。正如使徒保羅所言，我們與上帝同工，與祂一起決定世界的未來！因此花在禱告的心力，是真正的付出與接收，是與上帝的真正對話，又是一場真正的掙扎。（《禱告真諦》）

—

反思

—

論到你的生命，有哪些方面是極難向上帝說「不要成就我的意願，只要成就你的意願」的？

試想像那些你覺得難以放手給上帝的東西，可能是某人、某物、你的銀行存款，或某個處境。想像自己在上帝跟前緊握拳頭，不願意放手。然後想像自己慢慢容讓上帝扳開你的指頭——真誠地完全放手給祂，不論是現在，是未來的幾個星期、幾個月，還是幾年。

04
革命式順服

—

讀經

—

吃晚飯的時候，魔鬼已將賣耶穌的意思放在西門的兒子加略人猶大心裏。耶穌知道父已將萬有交在他手裏，且知道自己是從上帝出來的，又要歸到上帝那裏去，就離席站起來，脫了衣服，拿一條手巾束腰，隨後把水倒在盆裏，就洗門徒的腳，並用自己所束的手巾擦乾。

挨到西門．彼得，彼得對他說：「主啊，你洗我的腳嗎？」

耶穌回答說：「我所做的，你如今不知道，後來必明白。」

彼得說：「你永不可洗我的腳！」

耶穌說：「我若不洗你，你就與我無分了。」

西門．彼得說：「主啊，不但我的腳，連手和頭也要洗。」

耶穌說：「凡洗過澡的人，只要把腳一洗，全身就乾淨了。你們是乾淨的，然而不都是乾淨的。」耶穌原知道要賣他的是誰，所以說：「你們不都是乾淨的。」

耶穌洗完了他們的腳，就穿上衣服，又坐下，對他們說：「我向你們所做的，你們明白嗎？你們稱呼我夫子，稱呼我主，你們說的不錯，我本來是。我是你們的主，你們的夫子，尚且洗你們的腳，你們也當彼此洗腳。」（約十三 2～14）

耶穌關乎社羣的教導最徹底的一點，在於全然顛覆了當世對「尊貴」的看法。在耶穌眼中，誰要為大，就要成為眾人的奴僕；掌權的，就要順服眾人。最能象徵這種嶄新奴僕觀念的，就是十字架。耶穌「自己卑微，存心順服，以至於死，且死在十字架上」（腓二 8）。但須留意的是，基督不但「死在十字架上」，也同時活出「背十字架的生命」。十字架之道，就是受苦僕人之道，是耶穌基督一生事奉的基石。祂一生順服全人類，是萬人的奴僕，這是十字架之道。祂斷然揚棄世人對地位與權力的定見，宣告：「你們不要受拉比的稱呼……也不要受師尊的稱呼……」（太二十三 8～10）這是十字架之道。祂又打破當代風尚，真心尊重女性，樂意接觸孩童，這是十字架之道。祂拿起毛巾為門徒洗腳，這是十字架之道。祂可以隨時召喚眾多天使任祂指揮，但祂選擇死在十字架上。耶穌的一生，是背十字架的一生，是順服與事奉的一生；耶穌的死，是死在十字架上，藉著受難得勝死亡。

耶穌的生命與教訓，毫無疑問是革命式的。這種生命與教訓，全然輕看一切地位與權勢，從而追求一種嶄新的領袖之道。耶穌的十字架之道，撼動一切建基於權力與私利的社會秩序。

耶穌呼召門徒活出「背十字架的生命」。祂說：「若有人要跟從我，就當捨己，背起他的十字架來跟從我。」（可八 34）祂又斬釘截鐵地說：「若有人願意作首先的，他必作眾人末後的，作眾人的用人。」（可九 35）祂為門徒洗腳，使十字架之道成為了不朽的原則：「我給你們作了榜樣，叫你們照著我向你們所做的去做。」（約十三 15）背十字架的生命，是自願順服的生命。背十字架的

生命，是主動作眾人奴僕的生命。（《靈命操練禮讚》）

反思

耶穌的呼召「若有人要跟從我，就當捨己，背起他的十字架來跟從我」有甚麼引申意義？「背十字架的生命」是甚麼意思？

人若在治理教會、勞資關係、國際事務上依循「僕人領袖」之道，會有甚麼結果？

今天你可以怎樣「洗別人的腳」呢？

05
尋求靜默

—

讀經

—

他誠然擔當我們的憂患，

　　背負我們的痛苦；

我們卻以為他受責罰，

　　被上帝擊打苦待了。

哪知他為我們的過犯受害，

　　為我們的罪孽壓傷。

因他受的刑罰，我們得平安；

　　因他受的鞭傷，我們得醫治。

我們都如羊走迷；

　　各人偏行己路；

耶和華使我們眾人的罪孽都歸在他身上。

他被欺壓，
　在受苦的時候卻不開口；
他像羊羔被牽到宰殺之地，
　又像羊在剪毛的人手下無聲，
　他也是這樣不開口。（賽五十三4～7）

傳道書五章1節有這樣的說法：「近前聽，勝過愚昧人獻祭。」所謂「愚昧人獻祭」，就是從人而出的宗教言說。傳道者續說：「你在上帝面前不可冒失開口，也不可心急發言；因為上帝在天上，你在地下，所以你的言語要寡少。」（傳五2）

耶穌帶著彼得、雅各、約翰，登上一座高山，在他們眼前變像。摩西和以利亞也顯現了，與耶穌交談。聖經記載：「彼得對耶穌說：『……你若願意，我就在這裏搭三座棚……』」（太十七4）「彼得對耶穌說」在原文有「彼得**回答**耶穌說」的意思，但其實沒有人對彼得說話啊！彼得所做的，就是「愚昧人獻祭」。

伍爾曼（John Woolman）曾在日記寫下一段細膩動

人的話，描述他如何努力制伏自己的舌頭。他的文字十分生動，值得引述如下：

> 我以糟透了的狀態參加那些聚會，竭力以大牧者〔譯註：指耶穌基督〕的語言充滿腦袋。有一天，我的心頗受激動，於是站起來說了一些話——我沒有緊隨上帝的感動，於是多說了一些不應說的話。其後不久知道自己錯了，自責了好幾個禮拜——期間看不到半點光明、嘗不到半點安慰，甚至毫無喜樂，萬念俱灰。我求告上帝，向祂認罪，在痛悔中領受祂的憐憫，還有祂的聖靈——就是賜給我的保惠師。我感到過犯得蒙饒恕。我的心平靜安穩下來，為救贖主的恩慈感謝不迭。大約六個禮拜後，上帝愛的泉源重新開啟，我再有感動開口，於是在一個聚會中說了幾句話，說完內心滿有平安。有了這個降卑與管教的經歷後，我學到了如何辨認純全聖靈在心中的感動。我必須在安靜中等候，有時需要等候好幾個禮拜，直到覺得時機成熟，可以開口了——我成了一支號筒，供上帝使用，向祂的子民發聲。[1]

伍爾曼的經驗，對我們操練守靜很有啟發，尤其提到在學習過程中，學會「如何辨認純全聖靈在心中的感動」。

我們難以忍受靜默，其中一個理由，是靜默令人覺得無助。我們慣於用言語管理人、控制人。如果沒有人開口，誰作主呢？上帝會作主。但除非信靠上帝，否則我們不會讓祂作主。守靜與信靠，關係密切。

舌頭是操控人的最有力武器。我們喋喋不休，因為總在不斷調整自己的形像。我們十分在意別人對自己的評價，所以不斷說話，務求令人明白。假若我做了錯事（就算做了正確的事，也會擔心別人誤會），並發現你知道了，我會想方設法要你明白我為甚麼會那樣做，好掃除你對我的惡感！守靜是最高深的靈命操練之一，因為守靜最能制約自以為義的思想與行為。

守靜的其中一個成果，是內心得釋放，讓上帝做我們的判官，稱我們為義。我們毋須指正別人的誤會。有個故事的主人翁，是個中世紀修士，他被誣告某些過失，心懷不平。有一天他看見窗外有一條狗，死命咬著齧著一張晾曬的地氈，忽然上帝對他說：「你的名聲就像你眼前的光景！但如果你信靠我，我會照顧你的名

聲，以及你的一切。」也許沉默比萬事更能引領我們相信上帝可以照顧我們——「我們的名聲，我們的一切」。（《靈命操練禮讚》）

反思

試試學習守靜。以一個務實的目標開始，例如靜默五分鐘。首先你要選擇一個舒適的姿勢。其次是專注身體的每個部位：緊縮臉部所有肌肉，然後完全放鬆；其他部位的肌肉也是這樣——頸、肩、背、臂、手、腿、腳。放鬆之後，你可以開始練習守靜了。若有分心的狀況出現，或腦海中泛起思緒，就承認它的存在，然後返回靜默。須注意你不用想著要對上帝說甚麼話，只須容讓祂以靜默來充滿你就可以了。

然後反思：你覺得守靜是容易、是困難呢？如何將這操練放在禱告生活中？

延伸研習：定意在某一天裏戒掉一切藉口砌詞，以及自以為義的話。讓上帝成為你的義。細察自己的心思反應，想想自我形像對你而言究竟有多重要（或不重要）。

06

神聖順從

—

讀經

—

基督在肉體的時候，既大聲哀哭，流淚禱告，懇求那能救他免死的主，就因他的虔誠蒙了應允。他雖然為兒子，還是因所受的苦難學了順從。他既得以完全，就為凡順從他的人成了永遠得救的根源，並蒙上帝照著麥基洗德的等次稱他為大祭司。（來五 7～10）

我們回應上帝屬天的大愛，首先是通過「神聖順從」之盟約。我們誠心發出誓言：要遵從天父的微聲。我們以透徹的委身、全然的簡樸，承諾要順從天上大牧者的聲音。祈里（Thomas Kelly）說：「有一種神聖而完全的順從、充滿喜樂的自我捨棄、敏鋭細緻的聆聽，是令人屏息凝氣的。」[1]

我知道這一切聽起來何等絕對，沒有絲毫商榷餘地。怎可能達成這樣的目標呢？的確，**我們**不可能做到。順從是上帝的事，不是我們的事。我們一件好事也做不到，除非上帝先賜給我們動機，然後加力給我們去做。這正是關鍵所在——**此刻**上帝也在賜給你動機，不然你不會在閱讀這本書（在你裏面早有那個動機在催促你）。上帝若然賜你動機去做某事，也一定會加力給你去順從那動機。

再者，順從其實並非像乍聽那麼難熬，因為我們不過在全心傾慕那位永遠愛我們的良人——如聖詩作者馬得勝（George Matheson）的名句：「永不離我偉大的愛」（“O love that will not let me go”）。面對永恆愛者這主動、積極、熱烈、動人、可信的呼喚，我們不過是作出合宜的回應而已。

你要知道，上帝一發現我們的心扉稍稍開放，就會馬上奔跑過來。祂就像最優秀的獵犬，不斷追尋我們的腳蹤。祂又在我們心中埋下一種飢渴，是天上生命之糧才可以滿足的。

偶爾我們會被上帝的愛「侵襲」，內心迴盪不已。慕迪（D. L. Moody）有一天走在紐約街頭，心底突然湧起上帝同在的大愛，以至必須跑到一個朋友家裏，孤身躲在一個房間，在裏面享受上帝一浪又一浪的大愛不斷翻騰，達兩小時之久。我們也會有類似的時刻：上帝大光照遍全人，以至世上所有其他的光都像熄滅了一樣。巴斯葛（Blaise Pascal）只用了一個字去形容他所歷的屬靈高峯：「火！」但凡經歷過這難以言喻之平安的人，或站或走，或坐或臥，只曉得默默交付傾慕、順服、驚詫、頌揚。

經歷過這震懾動人的大愛時刻，從此不再一樣。我們立時被聖靈吸引，像指南針趨向北極。一切凡塵美善不再吸引我們。半心半意不再足夠。惟有神聖順從是我們的指標。我們被大愛狂濤全然吞噬。

如此沉醉在上帝大愛的經驗，其實遠非我們所想那麼罕見。不過若你從未有過如此撼動心靈的經歷，也不用太介懷。你沒有甚麼問題啊。你可以藉著聖徒的傳記或日記（還有無數沒沒無聞的平凡人奇妙見證），分嘗那些異象的奇奧。概言之，這些經驗是為勉勵所有上帝子民，而非只為少數幸運兒而設的。

此外，我們可以培養習慣，叫心思意念向著上帝。在日常生活作息中，內心要不住緊貼著那神聖中軸。要爭取機會，以認罪與代求的心，來到上帝跟前對祂說：「主啊，求你施恩！」「耶穌，我愛你！」「求你今日向我顯明你的道路。」然後我們走進內心世界，享受安靜的驚詫、傾慕、頌讚。（《禱告真諦》）

—

反思

—

你有否體驗過上帝的愛或平安？不必是很驚人或極強烈的體驗，但卻是真真實實的那種。這體驗對你帶來甚麼影響？

「上帝一發現我們的心扉稍稍開放，就會馬上奔跑過來」，既然如此，你會怎樣將禱告放在生活作息中？

延伸研習：閱讀一些歷代聖徒的傳記，認識他們如何深深體驗上帝大愛的真實，例如：彭柯麗（Corrie Ten Boom）、司布真（C. H. Spurgeon）、潘霍華（Dietrich Bonhoeffer）、大德蘭（Teresa of Ávila）。

07
説「不」

—

讀經

—

你們又聽見有吩咐古人的話，說：「不可背誓，所起的誓總要向主謹守。」只是我告訴你們，甚麼誓都不可起。不可指著天起誓，因為天是上帝的座位；不可指著地起誓，因為地是他的腳凳；也不可指著耶路撒冷起誓，因為耶路撒冷是大君的京城；又不可指著你的頭起誓，因為你不能使一根頭髮變黑變白了。你們的話，是，就說是；不是，就說不是；若再多說就是出於那惡者。（太五 33～37）

還記得多年前二月早上一個下雨天，我身在首都華盛頓機場。我累得要死，坐在候機室裏。一如既往，我手頭有書可讀，藉此打發時間。我翻開一本從沒讀過的祈里（Thomas Kelly）著作：《內在的光》（*A Testament of Devotion*）。

我讀到他一段話，心頭一震，因為這話活畫了我和許多我認識的人的狀況：「老實說，我們感受著許多責任的拉扯，又試圖承擔全部責任。我們因此不快樂、不自在、窘迫、受壓，又害怕會變得淺薄。」[1]這正是我當時的狀況——外面看來滿懷自信，萬事盡在掌握，但內裏其實又累又亂。我繼續讀，終於遇上盼望與應許的信息：「我們找到曙光了：有一個生命之道，是遠比這一切營營役役更豐富更深邃的。這生命不帶催促，滿有寧謐、平安、能力。惟願我們都能快快進入那『核心』！」[2]我心底覺察了祈里說的境界，是超越我所知所識的。須注意的是，當時的我並非不愛主或不敬虔——恰恰相反，我的問題是太認真、太想做正確的事了，因此覺得必須回應每個事奉的呼喚。畢竟，那都是奉基督之名去服事人的大好機會啊。

接著的這句話，其後在我生命觸發了內在革命：「我們見過也認識一些人，似乎找到這個深藏在生活中的『核心』——在這核心，一切困擾生命的呼喚都能整合，使人能自信地說『可』或說『不』。」[3] 這種源於屬天「核心」而說出「可」或「不」的能力，是我前所未聞的。我向來都為一切決定求問上帝，但實際上我的回應，太多時候都建基於我的決定能否給人好印象：答應別人所求，或承擔事奉職責，總能令我得到「屬靈」及「捨己」的光環。要我說「可」是容易的，但我就是沒有能力說「不」——若我拒絕別人所求，大家對我會有甚麼看法呢？

我獨自坐著，看著雨水拍打候機室的窗戶。我的眼淚奪眶而出。我坐著的地方成了我的聖地、我的祭壇。我從此不再一樣。我悄悄求上帝賜我說「不」的能力——在適當且合宜的時候。

回到家中，我很快又埋首一大堆活動中，但我做了一個決定：此後週五晚一定要留給家人。這在當時不過是一個卑微的決定，我也沒有告訴其他人——我有告訴家人，但沒有說得很鄭重，只像是隨口說說而已；他們不知道那是一個盟約、一個承諾、一個重大抉擇——老實說，當時我也不知道那決定有多重要，只覺得是該作之事，我實在不敢說那是上帝給我的指示。

然後有人打電話給我，是我所屬宗派的委員。「你在週五晚可以向某羣體講信息嗎？」又是一個大好的事奉機會。但我的回應很快，幾乎不經大腦：「啊，不，那天不行。」對方反應也很直接：「噢，你有要緊的事嗎？」我進退維谷（那時我還不知道可以理直氣壯地告訴對方：我的確有很要緊的事啊）。我很謹慎，同時很決絕地回答：「沒有。」我只說了兩個字，沒打算砌詞或辯解。對方沉默了好久——我覺得像永遠那麼久——我幾乎感受到他在電話另一端的質問：「你的委身心志哪裏去了？」我知道這決定會讓他覺得我不夠屬靈，而他是我真心在意的人。然後我們閒聊了幾句就收線了。記得我在放下電話筒的一刻，心已經在高喊：「哈利路亞！」因為我順從了我的「核心」！我沾上簡樸的邊緣了，但那影響足以燎原。（《返璞歸自由》）

—
反思
—

你試過口裏說「可」但其實心裏想說「不」嗎？為甚麼說「不」那麼困難呢？

檢視你的生活作息，下列哪個描述比較接近你的心境？是「不自在、窘迫、受壓，又害怕」，還是「生命不帶催促，滿有寧謐、平安、能力」？求上帝賜你說「不」的能力——在適當且合宜的時候。

08
知足

—

讀經

—

然而，敬虔加上知足的心便是大利了；因為我們沒有帶甚麼到世上來，也不能帶甚麼去。只要有衣有食，就當知足。但那些想要發財的人，就陷在迷惑、落在網羅和許多無知有害的私慾裏，叫人沉在敗壞和滅亡中。貪財是萬惡之根。有人貪戀錢財，就被引誘離了真道，用許多愁苦把自己刺透了。（提前六 6～10）

內在簡樸的一大果效，是會從內心湧現一種無法言喻的滿足感。那種死纏爛打、爭先恐後的催逼感消失了，代之而起的是對名譽、地位、財富的「神聖冷感」。

生活既能環繞那奇妙的屬天核心，一切掛慮就微不足道了。保羅無疑曾經有此經驗，以至身陷羅馬獄中仍能寫道：「我無論在甚麼景況都可以知足，這是我已經學會了。」（腓四 11）不論是貧是富，他都不以為意。或飽足或飢餓，或豐盛或匱乏，這位胸懷大志的小小猶太人，都彷彿不再介意。他說：「我靠著那加給我力量的，凡事都能做」（腓四 13），也實在言行一致。

有些人「以敬虔為得利的門路」，保羅的回應十分機靈：「敬虔加上知足的心便是大利。」（提前六 5、6）他一針見血地指出，財利並不能讓人知足。有人問洛克菲勒（John D. Rockefeller）要擁有多少錢才會心滿意足，他答道：「只要再多一點點！」這正是人的問題——總是要多一點；心總是不滿足。

簡樸的益處，就是能夠讓人滿足。你明白這是何等的自由嗎？有了知足的心，就能夠不再爭名逐位，因此也不用瘋狂催逼自己。我們可以堅拒那個失去理智的呼喊：「要更多，要更多，要更多啊！」我們可以滿足於上帝的恩惠供應，內心得享安息。

我曾經有一個實實在在的經歷，如今仍然記憶猶新。其時我路過一個高級住宅區，打從心底泛起一個徘徊不去的慾望：我想住更大、更好、更豪華的房子！我在艷羨那些房子的同時，察覺內心的貪念不斷升溫！我開始跟自己對話。我問自己：就算真有能力買更貴價的房子，能不能拋開那購買的慾望呢？即使收入能負擔得起更好的生活，能不能定意只活在某個生活水平，並且安心知足？我的答案是：「可以呀！人毋須不斷渴求更多，**可以**滿足於己所擁有，而不去拚命積攢更多。」雖然我頗肯定自己仍未擁有完全知足的心，卻也不時體會到知足的益處：使心得自由，使心得安息。

試想像從心底湧出的貪念，能為生命帶來何等禍患：令自己債台高築，被迫身兼數職去維持開支；為了住更炫目的房子，無必要地搬遷，令家人無緣無故切斷固有的關係網絡。我們貪得無厭，永不知足。而帶來最大破壞的是：人擁有名車、大宅、泳池的同時，很容易忘卻公民責任、社會公義，以及世上許多赤貧與饑饉慘況。貪婪是切割憐憫心腸的利刃。對此使徒保羅觀察入微，他告誡「那些想要發財的人」，貪財令人「陷在迷惑、落在網羅和許多無知有害的私慾裏，叫人沉在敗壞和滅亡中」（提前六9）。

但我們並非必然要受貪婪所困，卻可以選擇安穩

平靜的生活方式。我們可以與保羅同喊：「只要有衣有食，就當知足。」（提前六 8）（《返璞歸自由》）

反思

無論在甚麼景況中，保羅都可以知足，他的祕訣何在？

你生命中有甚麼是一直想獲得更多更好的？是房子？衣服？嗜好？事業？你能否進到這麼一個境界：就算有能力擁有更多更好，卻可以不再追求？

想提高生活水平的渴望，可以是從上帝而來的嗎？

09

若我今日離世

—

讀經

—

因我活著就是基督，我死了就有益處。但我在肉身活著，若成就我工夫的果子，我就不知道該挑選甚麼。我正在兩難之間，情願離世與基督同在，因為這是好得無比的。然而，我在肉身活著，為你們更是要緊的。我既然這樣深信，就知道仍要住在世間，且與你們眾人同住，使你們在所信的道上又長進又喜樂，叫你們在基督耶穌裏的歡樂，因我再到你們那裏去，就越發加增。（腓一 21～26）

反思自己離世，最能帶來生命轉化——這說法現代人可能覺得錯愕，卻是歷世歷代先哲的智慧所依。今日世界人人自戀過度，能夠反思自己離世，對復興生命大有助益。若你今日就要死了，若我今日就要死了，會有甚麼事情發生？其中一個發人深省的事實，能令人恍然大悟：世上少了你或我，仍會繼續不息——而且運作如常。明天太陽仍會升起。人人繼續生活作息。沒有甚麼重大改變。

對那些幻想世界環繞著自己運行的人來說，這是很難接受的現實——世上失去了我，怎可能仍然有重要事呢？我已經不在了，世上**還會**有甚麼重要事啊！嘿！我們就像《伊索寓言》中那隻停在戰車上的蒼蠅，望向車後揚起的沙塵，高呼道：「哎啊，看我帶來了多大的沙塵暴啊！」

我有個信義宗牧師好友，名叫比爾．瓦斯威（Bill Vaswig），他曾跟我討論加拉太書二章19節，尤其是「與基督同釘十字架」的確切意思——其實我們到底在討論些甚麼呢？比爾說：「這樣吧，我們用這些字詞為對方禱告好了。」我其實對這做法不太認真，卻衝口而出道：「好吧，怎樣進行呢？」比爾應道：「我也不知道⋯⋯不過，你先來吧！」我就站起，按手在他頭上，開始禱告——我不知道該説甚麼，除了祝願他能夠經歷「與基督同釘十字架」。

我禱告完了坐下，比爾瞪大眼睛，輕聲説：「我經歷了！」我茫然地問：「你經歷了甚麼？」他説在我開始禱告不久，他腦海中出現了很清晰的圖像：他的教會正舉行一個喪禮，一切景象歷歷在目：打開的棺木、台上的祭壇、彎彎的拱梁——但他是從棺木裏看到這一切的。這是他自己的喪禮！人們帶著哀愁前來瞻仰遺容，他嘗試要告訴他們：沒事呀，我很好呀，所發生的這一切都是美事！不過人們聽不到他的話，他們只看見一具屍體。然而，他卻覺得自己從沒活得如此滿有生命活力！

然後比爾為我禱告，同樣大有果效，因為那天我們都浸潤在聖靈臨在裏。最重要的是，我們都深深體會了「向自己死」是怎麼一回事。（《禱告真諦》）

反思

為自己寫一篇悼文——你必大有發現！這做法乍聽

很異樣，但其實可以成為一次重新檢視人生優次的寶貴經驗。請按**你想人記得你**的方式去寫這篇悼文。你想別人記得你的哪些特質或成就？請讓你的思想自由馳騁，將一些夢想或人生計劃也包括在內，不論如今看來是多麼的不可能（譬如說在七十高齡攀登某座高峯）。

重讀你寫下的悼文，看它的內容與你目前生活有多吻合。你想祈求上帝幫你改變某些生活方式嗎？

10
一無掛慮

讀經

當耶和華將那些被擄的帶回錫安的時候，
　　我們好像做夢的人。
我們滿口喜笑、
　　滿舌歡呼的時候，
外邦中就有人說：
　　耶和華為他們行了大事！
耶和華果然為我們行了大事，
　　我們就歡喜。

耶和華啊，求你使我們被擄的人歸回，

　　好像南地的河水復流。
流淚撒種的，
　　必歡呼收割！
那帶種流淚出去的，
　　必要歡歡樂樂地帶禾捆回來！（詩一二六 1～6）

使徒保羅勉勵我們：「你們要靠主常常喜樂。我再說，你們要喜樂。」（腓四 4）怎樣可以做到？保羅續道：「應當一無掛慮。」這是獲得喜樂的消極做法——積極做法是：「只要凡事藉著禱告、祈求，和感謝，將你們所要的告訴上帝。」結果是甚麼？「上帝所賜、出人意外的平安必在基督耶穌裏保守你們的心懷意念。」（腓四 6、7）

保羅教我們怎樣保持常常喜樂？他的首個提醒是「一無掛慮」。耶穌也有相同的教導：「不要為生命憂慮吃甚麼，喝甚麼；為身體憂慮穿甚麼。」（太六 25）兩段經文所用的是同一個詞，翻譯出來就是「掛慮」或「憂慮」。上帝呼召我們要一無掛慮，但這違反我們本性。打從兩歲開始，大人就教我們要萬事小心。我們看見孩子衝向校巴，衝口而出就是：「小心啊！」小心，就是時刻掛慮提防。

我們很難有歡慶的心——除非學會「一無掛慮」。我們難以一無掛慮——除非學會信靠上帝。因此禧年是舊約的重要節慶。除非以色列民深信上帝有能力供應他們生活所需，否則無人斗膽歡慶禧年。

我們信靠上帝，就可得到自由，並全然仰賴祂供應所需：「凡事藉著禱告、祈求，和感謝，將你們所要的告訴上帝。」藉著禱告，我們搖動上帝的手，得以在一無掛慮的歡慶中度日。

不過保羅的教導不止於此。單憑禱告與信靠，不足以帶來喜樂。保羅進而勸勉我們，要時刻思念凡是真實、可敬、公義、清潔、可愛、有美名的事（腓四8）。上帝創造了一個充滿美好事物的世界，我們細心欣賞美好的事物就會快樂，這是上帝命定的通往喜樂之路。若以為喜樂只能來自祈禱和唱詩，就難免沮喪失望了；但如果生命圍繞著簡單美好的事物，又為此常存感恩的心，自然可以滿有喜樂。遇上問題與困難嗎？只要定意時刻思念生命中的美好事物，就無餘暇多想了——問題與困難，會淹沒在美好的事物中。

定意思念生命中的美好事物，是意志的行使（an act of the will），因此歡慶是靈命操練。歡慶不是自然而然的事，而是刻意選擇某一種思考/生活方式的結果。我們作了選擇，基督的醫治和救贖，會進入生命及人際關係深處，其必然的結果，就是喜樂。(《靈命操練禮讚》)

反思

在一張白紙上劃分兩欄，左欄列出能夠更新、再造你的東西，右欄列出會打擊、侵擾你的東西。表列的東西不一定是那些傳統認為「屬靈」的東西，卻可以包括唱歌、海浴、聽古典樂或流行曲——甚麼都可以。

另一個檢視這個清單的方法，是將兩欄名為「令我靠近上帝的東西」及「令我遠離上帝的東西」。我們總愛貶抑那些被視為「世俗」的東西，但其實在一切美好事物中都可以找到上帝，並為之歡慶。我們能夠選擇一種思想及生活方式，是被喜樂充滿的嗎？

第 二 部

往上移動

PART TWO: MOVING UPWARD

與上帝保持親密關係，很少是當代人——以至當代基督徒——的生命頭號大事。這聽起來似乎太浪漫、太縹緲了！我們需要更客觀、更實際的東西！然而，還有甚麼比「愛上帝」更合乎人生在世的精義所在？

本部選材聚焦於與上帝保持親密關係的奇妙體會，惟願藉此我們可以——套用金碧士（Thomas à Kempis）所言——「與耶穌培養親密友情」。

11
默想為何？

—

讀經

—

我何等愛慕你的律法，
　　終日不住地思想。
你的命令常存在我心裏，
　　使我比仇敵有智慧。
我比我的師傅更通達，
　　因我思想你的法度。
我比年老的更明白，
　　因我守了你的訓詞。
我禁止我腳走一切的邪路，
　　為要遵守你的話。

我沒有偏離你的典章，
　　因為你教訓了我。
你的言語在我上膛何等甘美，
　　在我口中比蜜更甜！
我藉著你的訓詞得以明白，
　　所以我恨一切的假道。（詩一一九 97～104）

在默想中，誠如金碧士（Thomas à Kempis）所言，我們「與耶穌培養親密友情」。[1] 我們潛進基督的光明與生命裏，安心停駐其中。主的永在（或說「全在」）從神學教義化為光彩現實。「祂與我同行，又與我共話」不再是宗教術語，而是日常生活真實寫照。

請注意：我所講論的不是多愁善感、充滿刺激、老友之間的交往，這些過度煽情的意象，反映我們的無知與偏差，毫不認識聖經所啟示那至高至尊的主。約翰在啟示錄告訴我們，當他看見掌權的基督，即時反應是「仆倒在他腳前，像死了一樣」（啟一 17），這也應該是我們的反應！我所說的那種相交，更像門徒看見剛復活的耶穌的反應：既親近，又敬畏。

在默想中，我們造出一個情感和靈性的空間，讓基督在心中建構一個內在聖所。那段美好的話：「我站在門外叩門……」（啟三 20）原是為信徒寫的，不是為非信徒寫的。我們這些已經將生命主權交付基督的人，必須記得基督渴望與我們一同坐席相交。祂亟盼在我們內心聖所中不斷有主的盛宴舉行。默想為我們開啟一道門。雖則我們會在不同的時間進行不同的默想操練，但目標只有一個：將與主一同坐席的喜悅，帶進整個生命。默想是一個可移動的聖所——與我們的身分和行事相融。

這種內在相交會改變內在性情。內在聖所既有永恆之火在燃燒，就不可能不帶來改變，因為屬天之火會除去內在一切雜質。永在的主、我們的師傅，不斷引領我們進入「公義、和平，並聖靈中的喜樂」（羅十四 17）。一切不合主道的事物都必須捨棄——不但是「必須」，更應該是「樂意」，因為我們的渴想與盼望，會益加合乎主道。日復日，年復年，我們裏面一切會主動尋求聖靈的方向，就像指南針自動指向北極星。（《靈命操練禮讚》）

反思

詩人提及上帝的應許「在我口中比蜜更甜」。歷代基督徒都有默想聖經、樂嘗聖言的傳統。默想就是飲於經文，聆聽上帝藉祂話語親自向你説話，如潘霍華所言：「……正如你不會分析所愛之人的話，而是不折不扣地接受；同樣，你要接受聖道，存在心裏反覆思想，正如馬利亞一樣。」

試默想以下應許，仔細咀嚼箇中意思，就像品嘗花蜜，慢慢欣賞它的甜美：「凡勞苦擔重擔的人可以到我這裏來，我就使你們得安息。我心裏柔和謙卑，你們當負我的軛，學我的樣式；這樣，你們心裏就必得享安息。」（太十一 28 ～ 29）

12
大自然之書

讀經

我觀看你指頭所造的天，
　　並你所陳設的月亮星宿，
便說：人算甚麼，你竟顧念他！
　　世人算甚麼，你竟眷顧他！
你叫他比天使微小一點，
　　並賜他榮耀尊貴為冠冕。

你派他管理你手所造的，
　　使萬物，就是一切的牛羊、
田野的獸、空中的鳥、海裏的魚，

凡經行海道的，都服在他的腳下。

耶和華——我們的主啊，

你的名在全地何其美！（詩八 3～9）

我們來到最受忽略，卻可能是最重要的研習範疇：觀察物件、事件、行動中的實相。最淺顯的觀察起點是大自然。要從受造世界看出它要教導我們的道理，其實不是難事。

以賽亞告訴我們：「……大山小山必在你們面前發聲歌唱；田野的樹木也都拍掌。」（賽五十五 12）創造主所創造的一切，都向我們說話，教導我們——只要我們願意聆聽。馬丁．布伯（Martin Buber）講過一個故事：一個猶太拉比每天大清早去池塘邊學習「青蛙讚美上帝的頌歌」。[1]

我們研習大自然的第一步，是留神專注，譬如**看**花**看**鳥，我們要懷著禱告的心細意觀察。紀德（André Gide）憶述在學時曾在教室邊聽課邊細看一隻飛蛾破繭而出，那蛻變新生的過程讓他滿心盡是訝異、喜悅、敬畏之情，以至不能自已地將這事告訴教授，不料教授冷冷地說：「嘿！你以前不知道蝴蝶是破繭而出的嗎？每隻蝴蝶都是破繭而出的，這是再自然不過的事吶！」其後，被潑冷水的紀德悻悻然記道：「**自然**生物常識，我當然是有的，甚至比他有的更多……但因為這是自然而然的事，就不能為之讚歎嗎？這可憐的傢伙！從那一天開始，我就很不喜歡他，也不想聽他的課了。」[2]對此誰沒有同感呢？紀德的教授只懂得積累知識，卻不懂得研習之道。所以說，研習大自然的第一步，是懷著敬畏之情去觀察。小小一片樹葉，也可透露創造的秩序與多變、複雜、勻稱。恩德曉（Evelyn Underhill）寫道：「要聚精會神，這是一切省思的宏旨。然後……懷著確切的愛心，迎向身邊萬千氣象中的某個事物……默觀對象根本不是重點所在——從高山到小蟲，任何一物，都可以是默觀對象，只要你的態度正確。」[3]

下一步是與受造物為友——不論是花、樹，還是爬行的小動物。要效法童話人物「怪醫杜立德」（Dr. Dolittle）跟動物交談。當然，你不能真的跟動物交談……還是你能夠呢？世上有一種溝通，超越言語，許多時候動物也好像對人的友情和憐憫有所感應——對此我有親身體驗，有些卓越科學家也親身經歷過。傳說聖方濟各（St. Francis of Assisi）馴服古比奧（Gubbio）惡狼，還有教化麻雀的故事，也許未必是純然虛構的。無論如何，我們可以肯定一件事：能夠愛受造物，就能夠從中有所學習。杜斯妥也夫斯基（Fyodor Dostoyevsky）在《卡拉馬佐夫兄弟》（*The Brothers Karamazov*）中有這麼一段話：「你要愛一切上帝所造之物，包括每顆砂粒。要愛每片葉子，愛上帝的每道光線。要愛動物，愛植物，愛萬物。能夠愛萬物，就能夠在萬物中感悟上帝奧祕。能夠感悟上帝奧祕，就能夠日復日益加理解上帝奧祕。」[4]（《靈命操練禮讚》）

反思

找一片葉子、一顆石頭，或任何大自然物件（不需要很美或很特別），好好細察一番。將它放在掌上，看它、摸它、嗅它，對它生出感覺。問問自己：如果自己**是**那物件，會有甚麼感覺？譬如說，若我是那顆石頭，會覺得自己堅強？飽歷滄桑？圓滑？任人差使？最後向上帝禱告，問祂想透過這件受造物向你發出甚麼信息？要預留充分時間聆聽上帝的話。

延伸研習：論到研習大自然之書，有一個很愜意的方式，就是一邊散步一邊反思——做法很簡單，不過是獨自到安靜的公園去散步，在途中悠閒地、慢慢地細察大自然，問問上帝透過你眼所見，要教導你甚麼道理。

13
傾慕之旅

—

讀經

—

普天下當向耶和華歡呼！

　　你們當樂意事奉耶和華，

　　當來向他歌唱！

你們當曉得耶和華是上帝！

　　我們是他造的，也是屬他的；

　　我們是他的民，也是他草場的羊。

當稱謝進入他的門；

　　當讚美進入他的院。

　　當感謝他，稱頌他的名！

因為耶和華本為善。

他的慈愛存到永遠；

他的信實直到萬代。（詩一〇〇 1～5）

我懷著興奮的心情參加一個小型的作家年會，現場氣氛總是熱烈，人人交頭接耳，風花雪月無所不談。某年我們選了靠近美加邊界一個度假勝地聚會，然而不知為何，我很快對那些學術閒扯不勝其煩——我也不明白為何突然很想遠避人羣。我忖道：「是否近來出差太頻太累了？還有我的精神不振，也許是因承擔了許多別人的痛苦憂傷，而被愁雲慘霧籠罩？也許一點獨處可以幫我走出陰霾？」然而在心底我覺得自己的需要不止於獨處……還有甚麼呢？

翌日下午是自由時間，要近黃昏才有一節自由參加的讀書會。獨處的機會來了。午餐後，我獨自在一個美麗的湖畔走了一段路，無盡變化的藍綠景色令人目眩神迷。其後我開車到鄰鎮，漫無目的地逛商店——遊人雖不少，但無人認識我，我自得其樂。

是時候回去參加讀書會了，但我的心似乎仍不感滿足。回程路上，我瞥見一個不顯眼的路標，指向一條瀑布，就毅然開車去了。那是一段曲折的路，穿越密林，終點是瀑布所在，沿途陽光不住透射葉子，伴我探索前行。

我沿河而下，走了大約一個鐘頭，再無前路可走了，那是旅客和一般遠足者止步的地方。但我不想停下，於是繞過大石，跨過倒下的樹幹，來到一處伸出河邊的岩石前，河水流到這裏必須拐彎。我遲疑了好一會，至終決定攀登這座伸延出來的花崗岩。我登上岩頂，看著峽谷景致，聽著滾滾的流水聲，心中讚歎不已。

然後發生的事，非筆墨能形容。河流聲響極大，我怎樣高呼也會被水聲蓋過，於是便肆意喊出對上帝的感恩和讚美。從心底發出傾慕與禮讚之情，與我意識之外的屬天節拍與歌詞合而為一，化為曼妙頌歌——我也用悟性歌唱，包括遠近記憶中的詩歌，以及隨興而發的靈歌。我為一切大小事獻上感恩，又在河流聲中歡欣讚美上帝。我自覺獲邀去加入上帝寶座前的不息敬拜——雖然我的參與微不足道。

起初感受是全然澎湃，其後漸漸化為輕柔耳語：「聖哉！聖哉！聖哉！」敬拜變得更有深度，更具活力。我開始時稱頌上帝的名字，最後化作輕呼上帝的名字——

稱頌漸漸融為傾慕。

敬畏上帝的呢喃，持續了好些時間。然後有一種安靜圍繞著我，讓我聽取前路亟待的指引。此刻峽谷陰影重重，告訴我一日將盡，我在深沉的安靜中走回河的上游，懷著敬畏與傾慕的心，俯伏在上帝跟前。(《禱告真諦》)

—

反思

—

要經常退到可以獨處並敬拜上帝的美地，實在不是易事，不過無論在哪裏，上帝總在我們身旁，我們可以在任何地方學習傾慕上帝的功課。試試付出片刻，留心周遭環境：有沒有任何事物可以領你向愛你的造物主獻上感恩？(譬如：有空氣供你呼吸，有顏色讓你看見……諸如此類)此外，從更深邃更重大的層面而言，究竟上帝的本相是甚麼？(例：祂那堅定不移的愛)讓你對上帝本性的默想，引領你讚美祂，進而傾慕祂。

14
內在的安靜

讀經

因為，隨從肉體的人體貼肉體的事；隨從聖靈的人體貼聖靈的事。體貼肉體的，就是死；體貼聖靈的，乃是生命、平安。原來體貼肉體的，就是與上帝為仇；因為不服上帝的律法，也是不能服，而且屬肉體的人不能得上帝的喜歡。

如果上帝的靈住在你們心裏，你們就不屬肉體，乃屬聖靈了。人若沒有基督的靈，就不是屬基督的。基督若在你們心裏，身體就因罪而死，心靈卻因義而活。（羅八 5～10）

我們視敬拜為靈命操練，因為敬拜是一套井然有序的行事為人方式，將我們帶到上帝跟前，讓祂改變我們。雖然我們只仰望聖靈觸動所帶來的釋放，但也有一些合乎上帝心意的路徑，可以引領我們通往敬拜。

第一條通往敬拜之路，是必須制止一切由人策動的作為——靈修大師稱之為「受造物的活動」（creaturely activity）。這操練不限於教會崇拜中進行，也必須成為我們的生活方式，遍及日常生活細節。我們要活在恆常、內在、不斷聆聽的安靜中，讓上帝成為一言一行的本源。假若習慣仗賴人的力量智慧去應付日常差事，在羣體敬拜中也會依樣葫蘆。但如果向來有操練，習慣平日在每個對話、每宗生意交易中，都聽取上帝的聲音，在參與羣體崇拜時，對上帝的感應定必更敏銳。芬乃倫（François Fénelon）說：「藉著真誠的捨己，不斷將自我交在創造主手中，準備完成主吩咐的任何事，這樣的人有福了！他整天不住開口問道：『主啊，你想我為你做甚麼？』」[1]

這聽來是否天方夜譚？但我們覺得不可能做到的惟一理由，是我們不以耶穌為永在的導師。若接受祂的教誨，一段時日後就會知道，將生活一切作息溯本於上帝，是全然可能的事。早上醒來，身仍躺在牀上，已經可以默默稱頌敬拜主。可以告訴祂，我們渴慕活在祂的帶領和治下。上班途中，可以問我們的導師：「今早我表現如何？」主可能馬上讓你想起早餐時對配偶說了尖酸的話，或出門時對孩子漠不關心。我們覺察自己順服了肉體的私慾，於是認罪，悔改，謙卑下來。

在加油站，聖靈可能感動我們要對加油站職員以禮相待，嘗試送上問候，視他們為活生生的人，而不是工具。然後帶著喜樂的心繼續上路，深慶自己踏上一條滿有聖靈提醒的人生路。觀乎一天，總是充滿感動與攔阻，有時緊隨主道，有時落在主後。就像初學走路的小孩，我們跌跌碰碰，成敗參半，但卻深信那位永在的導師，會藉著聖靈引領我們進入一切真理。如此我們明白了保羅教導「不隨從肉體、只隨從聖靈」（羅八4）的真諦。（《靈命操練禮讚》）

反思

制止人的活動，敏銳於上帝的感動，是必須操練的功課。以下是一個簡單練習，名為「手掌向下，手掌向上」，可以助你在一天之始，在安靜中與上帝連結。

開始前，選一個舒服的姿勢。手掌向下，象徵你願意將整天的掛慮卸給上帝，然後開口將每個掛慮說出來，例如：「主啊，我將要打那通電話的焦慮交給你，也要放下莎莉那些惹惱我的話；我很擔心這個月付不出帳單，但也將這件事交在你手中……」手掌保持向下，將掛慮一一卸給上帝。

然後手掌向上，象徵你願意從上帝領受：「主啊，我想領受足夠的平安去打那通電話，還有足夠的愛去原諒莎莉，我想領受你的確據、你的喜樂……」

餘下時間要保持安靜，不再向上帝求甚麼，只讓上帝的愛充滿你。

延伸研習：勞百克（Frank Laubach）很喜歡玩一個稱為「數算分鐘」的遊戲——你在一天裏可以用多少分鐘與上帝作有意識的交往？你可以從某個小時開始，追想你在那個小時裏有否與上帝交往，然後數算一整天裏與上帝總共交往了多少分鐘。須注意這是一個遊戲，而不是一個逼令自己與上帝相交的戒律。

15
感激的軸心

—

讀經

—

我要向山舉目；
　　我的幫助從何而來？
我的幫助
　　從造天地的耶和華而來。

他必不叫你的腳搖動；
　　保護你的必不打盹！
保護以色列的，
　　也不打盹也不睡覺。

保護你的是耶和華；
　　耶和華在你右邊蔭庇你。
白日，太陽必不傷你；
　　夜間，月亮必不害你。

耶和華要保護你，免受一切的災害；
　　他要保護你的性命。
你出你入，耶和華要保護你，
　　從今時直到永遠。（詩一二一篇）

另一座有助我們橫渡「自戀之海」的小島，姬德（Sue Monk Kidd）稱為「感激的軸心」。[1] 人人生命中都有這軸心——在那時那地，我們會忘卻纏鬥、攫取、抓狂、爭奪、貶抑、越軌。

讓我向你描述我的感激軸心吧。我七歲那年，父母打算舉家遷往美國西岸，然而因為經濟拮据，至終我們流落在一個親戚家中過冬——那是位於洛磯山脈的一座木屋。那個時候，我父母應該難堪之至吧，但我卻是愜意無比：對一個城市男孩來說，突然身處滿眼是高松、晶石、清溪的景致中，用「天堂」來形容也不足以表達我的感受。甚至木屋生活的原始與簡樸——用洋燭照明、用壁爐取暖，而且廁所還在屋子外面——都增添了歷奇的況味。

我們兄弟幾人征服了不少花崗岩壘，尋得不少箭頭，還有隱密的藏身處。冬雪降後，我們幻想加入柏德上將（Admiral Byrd）的極地探險旅程。聖誕前後，我會與媽媽一起將松果塗上銀漆。

但我最深刻的記憶關乎壁爐（我家原居內布拉斯加州〔Nebraska〕，其時用煤爐取暖，從沒見過壁爐）。我睡的是拖牀（日間收納在長椅下），晚上會躲在厚厚的被窩裏，壁爐就在離枕頭不到十英尺之處，發放溫暖，還有柴薪燒裂的滋滋聲。臨睡我會看著那詭異的淡黃火光——我身處感激的軸心。

多年後的今天，藉著記憶我仍可回到那軸心，經驗對上帝的感激之情——所有恩賜都從祂而來。我無意逃避或罔顧現代生活各樣掙扎與患難，我無非為自己設定一個參考點，讓自己能夠面對當下的掙扎與患難。

我確信你也有類似的感激軸心。何妨儘多運用想像，進到那個軸心，發出感恩禱告，在微聲中獻上感謝。（《禱告真諦》）

反思

回想可以成為你「感激軸心」的某時某地：令你可以休息、得安慰、拋開焦慮、樂意停留的地方——可以是童年回憶片段，也可以是近期經歷。找到這軸心了，盡力追想當中細節，察看每個光影，聆聽各樣聲音，細想各種觸感與氣味。花時間在當中停留。最後用簡單字句，向上帝獻上感恩。

16
安息的禱告

讀經

論到第七日，有一處説：「到第七日，上帝就歇了他一切的工。」又有一處説：「他們斷不可進入我的安息！」

既有必進安息的人，那先前聽見福音的，因為不信從，不得進去。所以過了多年，就在大衞的書上，又限定一日，如以上所引的説：「你們今日若聽他的話，就不可硬著心。」

若是約書亞已叫他們享了安息，後來上帝就不再提別的日子了。這樣看來，必另有一安息日的安息為上帝的子民存留。因為那進入安息的，乃是歇了自己的工，

正如上帝歇了他的工一樣。（來四 4～10）

聖經告訴我們，上帝發令造出萬物（從螞蟻到食蟻獸），將生命氣息吹進人的鼻孔裏後，就安息了。上帝在第七天的安息，成為安息日的神學基礎，吩咐我們須在上帝裏休息。我們且別急於認定這是今日不再適用的舊約律例，更重要的是背後的深意——安息日不止於對定時喘息的渴求；安息日是一種制約，令人不致終日拚命要勝人一籌。人貪求擁有更多的慾望究竟有多大（並因此備受捆綁）？只要看看守安息日的困難有多大，就可以知道了。

論到安息日原則的引申意義，再重要不過的，是人能夠在上帝裏休息。人不需要竭力做這做那，而是要學習信靠天父，知道祂樂意施予。這信念不會令人閒散怠惰，而會令人倚靠上帝。我們不再企圖掌控萬事，卻將萬事交託上帝，然後按心中感動去行事。

你或會記起以色列百姓的失敗：雖然獲救離開埃及為奴之家，卻未能進入上帝的安息。他們未能信靠耶和華，心生悖逆，以致餘生須在西奈曠野飄流。上帝最終哀傷地宣告：「他們斷不可進入我的安息！」（來四 3）

今日我們獲邀進入上帝的安息——昔日以色列百姓所錯失的安息。希伯來書作者提到，「另有一安息日的安息為上帝的子民存留」。「常常禱告」的直譯就是「進入休息」——藉著安息的禱告，我們進入深邃的靜止中，乃是一種安靜的警覺狀態。

但怎樣做到呢？怎樣進入安息禱告中？我們碰上很大的兩難。一方面，我們傾向全然控制，另一方面，卻傾向無所作為。

面對禱告，我們的起手式，總是像處理其他疑難一樣：刻苦努力。我們咬緊牙關，鼓足幹勁，屢敗屢戰。但其實這是異教徒的禱告之法：用許多咒語及空洞的重複，試圖打動神明，出手幫助我們。

布倫（Anthony Bloom）講過一個故事：有個婆婆費盡心力禱告，但一點也感受不到上帝臨在。布倫大主教明智地給她指引，乃是鼓勵她每天在自己房間安靜，「用十五分鐘在上帝跟前織毛衣，切切不可開口禱告，只要專心編織，享受在房間裏的平安」。

婆婆遵行這建議，起初想法是：「太好了，可以有十五分鐘閒暇，而且不會有罪疚感！」但其後不久，她開始能夠進入編織所營造出來的安靜了。她說：「我感覺這安靜不只是沒有噪音，更是有分量的安靜；不是缺少了甚麼，而是多了甚麼。」她繼續織毛衣，發現「在安靜中有祂，祂是全然的安靜、全然的平安、全然的穩妥」。[1] 她鬆開牙關和拳頭，怡然進入上帝的臨在——並發現上帝的臨在，根本從來都在。(《禱告真諦》)

反思

上帝在創世的第七天安息，又吩咐我們效法祂。你認為守安息日為何重要，以至上帝要將其列入「十誡」?

觀乎你的人生，有否平衡工作與玩樂、活動與休息？若沒有，是哪樣佔了主導地位？你又可以怎樣達至較好的平衡？

觀乎你的禱告，是傾向依靠意志與苦幹，還是靜候站定讓上帝主導？有沒有中庸之道？

延伸研習：若我們的社會輕視每週一天的休息日，會帶來甚麼影響？

17
耶穌為我們禱告

—

讀經

—

那些成為祭司的，數目本來多，是因為有死阻隔，不能長久。這位既是永遠常存的，他祭司的職任就長久不更換。凡靠著他進到上帝面前的人，他都能拯救到底；因為他是長遠活著，替他們祈求。

像這樣聖潔、無邪惡、無玷污、遠離罪人、高過諸天的大祭司，原是與我們合宜的。（來七 23～26）

我想努力闡釋的大好消息是這個：誠然我們全力參與在滿有恩典的禱告事工裏，但禱告事工的成敗，不取決於我們。我們的禱告經常徘徊在掙扎與停滯的邊緣，所謂屬天榮光，許多時都是匆匆一瞥。我們不知應該禱告甚麼，也不知應該怎樣禱告。我們最有力的禱告，也不過像是說不出的歎息。

因此聖經的應許是大好消息：「我們的軟弱有聖靈幫助；我們本不曉得當怎樣禱告，只是聖靈親自用說不出來的歎息替我們禱告。鑒察人心的，曉得聖靈的意思，因為聖靈照著上帝的旨意替聖徒祈求。」（羅八26～27）

你體會到這是何等大的安慰嗎？三一上帝中的聖靈，親自陪伴我們禱告。我們找不到合宜字眼嗎？聖靈幫助我們；我們禱告動機不純嗎？聖靈校正我們。我們對著鏡子觀看，卻模糊不清嗎？聖靈幫我們釐清求告焦點，呼應上帝旨意。

重要的是，我們毋須等到萬事俱備才開始禱告。聖靈會將那些軟弱而自我中心的禱告予以重塑、煉淨、詮釋，我們可以放心，知道聖靈為我們代禱。

更美的是，希伯來書作者提醒我們，耶穌基督是我們的大祭司，而大祭司在古代以色列的職務，就是在上帝跟前為百姓代求（來七～九）。我們明白這含義嗎？每一天，耶穌基督就在我們生活作息中為我們禱告。每個漫長黑夜，耶穌基督為我們禱告。在上帝寶座前為我們不住禱告的，不是普通人，而是永在的聖子。祂在此時此刻為你禱告，為我禱告。我們可以放心，知道聖子為我們代禱。

最美的是——這可能超越我們的想像——上帝藉著我們那些不完全、不完整的禱告，不斷地與自己溝通。富希士（P. T. Forsyth）説：「我們與上帝交談，其實是住在我們裏面的上帝，透過我們與祂自己交談……所謂恩典的對談，其實是上帝自我溝通之愛的獨白。」[1] 這是何等奇妙，超乎想像！「我們禱告，但不是我們在禱告，卻是比我們更大的那一位，在我們裏面禱告。」[2] 有一位詩人這樣説：

主啊，他們告訴我，當我好像
在跟你交談時，
皆因只聞一把聲音，這無非是夢吧，
一個講者分演二個角色。

有時的確如此，但並非如他們
所理解。實情是我

在自己身上尋找我想講的。
但是，看哪！我的心井枯乾。

然後，你看見我的空洞，你放棄了
聆聽者的角色，進而透過
我的拙口笨舌發聲，喚起
我從不知悉的想法。

因此你毋須
也不可能回答；因此，我們雖像
兩個講者，卻惟獨你總是講者，而我
並非夢者，卻是你的夢境。[3]

（《禱告真諦》）

—

反思

—

細究你過往對「正確」或「有效」禱告的種種看法。

是否覺得除非你的禱告妥當，否則難蒙上帝應允？

聖靈按照上帝旨意為我們代求——這句話對你有何意義？

默想希伯來書七章25節這寶貴應許：「凡靠著他進到上帝面前的人，他都能拯救到底；因為他是長遠活著，替他們祈求。」

18
通向謙卑之門

—
讀經
—

你們當以基督耶穌的心為心：

　　他本有上帝的形像，

　　不以自己與上帝同等為強奪的；

反倒虛己，

　　取了奴僕的形像，

　　成為人的樣式；

既有人的樣子，就自己卑微，

　　存心順服，以至於死，

　　且死在十字架上。

所以，上帝將他升為至高，

又賜給他那超乎萬名之上的名，
叫一切在天上的、地上的，和地底下的，
因耶穌的名無不屈膝，
無不口稱「耶穌基督為主」，
使榮耀歸與父上帝。（腓二 5～11）

綜觀所有聖經提及的德行，謙卑是極受歡迎的一項。無人喜歡與自高自大的人同處一室。自吹自擂、不可一世，總是惹人嫌厭。另一邊廂，真正的謙卑，不但令人喜愛親近，而且教人如沐春風。真正的謙卑，毫無矯揉造作的成分，人人都會稱賞。

人人追求謙卑，但謙卑委實難求。眾所周知，謙卑並非求就能得——愈去追尋，謙卑就離我們愈遠；愈覺得自己已掌握謙卑之法，就愈證明我們對此其實一無所知。不過謙卑可以成為生活習性，而順從上帝就能開啟謙卑之門。上帝恩典的核心，就是令人謙卑，這箇中道理不難明白：當滿眼都是上帝，小我就難躋身其中。內心常被上帝意識充滿，自我意識就無棲身之地。祈里（Thomas Kelly）說：「謙卑源於『神聖的失明』，正如定睛看著太陽，視線就被蒙蔽——就算轉眼看地上其他事物，也只會看到太陽的殘像。因上帝而失明的靈魂，看不到自我、自損、自尊，只看到上帝旨意。」[1]

這對基督徒是大好信息。我們一再渴求脱離自欺與狂傲，卻在遭人輕視時抓狂不已！我們吹噓自己，無非想得半點關注，其後卻又痛恨自己貪慕虛榮！我們羨慕別人的謙卑，更渴望經歷箇中的自在與自由。我們何等渴想順從聖經教導：以基督的心為心，祂雖是上帝的兒子，卻不堅持自己與上帝同等，「反倒虛己，取了奴僕的形像……既有人的樣子，就自己卑微，存心順服，以至於死，且死在十字架上。」（腓二7～8）

看到謙卑與順服的微妙關係了吧？耶穌「自己卑微，存心順服」，通往謙卑之路，乃是藉著順服上帝。蒙上帝充滿的靈魂，只有一個目標、一個方向、一個渴望。上帝不是視界裏一個圖像——時而模糊，時而清晰，上帝**就是**視界。眼睛若瞭亮，全身就光明，自私也無立錐之地。（《返璞歸自由》）

反思

假謙卑與真謙卑差異何在？你怎看出誰是真謙卑？

耶穌是謙卑的模範——何以見得？

謙卑不能靠努力而得——為甚麼？順服與謙卑關係何在？

延伸研習：你若仍未有寫靈修筆記的習慣，就試著開始吧。它有助我們回望過去，看到上帝怎樣救拔我們脫離自我中心的小我，使我們大得鼓勵。我們可能仍在順服的事上掙扎跌倒，卻會發現自己所關注的事情不再流於表面，而漸趨成熟。

19
我的？上帝的？

讀經

有一個人來見耶穌，說：「夫子，我該做甚麼善事才能得永生？」

耶穌對他說：「你為甚麼以善事問我呢？只有一位是善的。你若要進入永生，就當遵守誡命。」

他說：「甚麼誡命？」

耶穌說：「就是不可殺人；不可姦淫；不可偷盜；不可作假見證；當孝敬父母；又當愛人如己。」

那少年人說：「這一切我都遵守了，還缺少甚麼呢？」

耶穌說：「你若願意作完全人，可去變賣你所有的，分給窮人，就必有財寶在天上；你還要來跟從我。」

那少年人聽見這話，就憂憂愁愁地走了，因為他的產業很多。（太十九16～22）

聖經告訴我們，一切財產終極屬於上帝，再沒有比這更清楚的道理了。上帝對約伯說：「天下萬物都是我的。」（伯四十一11）又對摩西說：「全地都是我的。」（出十九5）詩人宣告：「地和其中所充滿的，世界和住在其間的，都屬耶和華。」（詩二十四1）

我們現代人很難認同上述道理。我們的觀念來自羅馬人的觀點：擁有權是「生而有之的權利」。因此任何事或任何人要干犯我們的「產權」，都會抵觸我們的世界觀。加上我們似乎是天生的自我中心傾向，「產權」在眾人心中的位置必然高於「人權」。

不過，按照聖經觀點，上帝對萬有的擁有權是絕對的，人對萬有的治理權是相對的，我們不過是上帝的管家，這是毫不含糊的。身為絕對擁有者，上帝制限了人對土地和財富的擁有權。舉例說，土地出產必須存留一部分給窮人享用（申十四28～29）。土地耕作了六年，第七年就要歇息，所有野生出產要任由窮人收取，好讓

「你民中的窮人有吃的」(出二十三 11)。逢五十年就是禧年，所有奴隸都要重獲自由，所有債項都要被免去，所有賣出的土地都要歸回原主。上帝這套顛覆人間經濟定律的理據，其實十分簡單直接，「因為地是我的」(利二十五 23)。

上帝擁有萬物的事實，可以促進我們與祂的關係。當我們真心醒悟，認清天地都是屬於主的，那麼財產本身也就不期然讓人更省察上帝的蹤迹。舉例說，若我們是某女明星的管家，替她看守一棟度假別墅，我們身處其中，必然會不斷想起她——有太多物事令人聯想到她的芳蹤。我們與上帝的關係也是一樣。我們住的房子，是上帝的房子；我們開的汽車，是上帝的汽車；我們種植的花園，是上帝的花園。我們不過是臨時的管家，打理屬於上帝的東西。

明白到上帝的擁有權，就能從佔有慾與惶恐中解脱出來。只要盡心盡力打理好交到我們手中的一切，就能夠釋懷了，因為知道一切盡在上帝掌管之中。昔日衞斯理(John Wesley)獲悉家居付諸一炬，就高呼道：「主的房子燒了，我的職責少了一樣，太好了！」[1]

上帝擁有一切這事實，也會改變我們對奉獻的態度。我們不再問：「應該從我所有撥出多少歸給上帝？」而是問：「應該從上帝所有，留下多少歸我使用？」這兩個問法的差異，判若天壤。（《基督徒看錢、性與權勢》）

反思

今時今日人人將權利掛在嘴邊——工權、女權、人權等等。我們身為基督徒，應該怎樣調和自己的相對權與上帝的絕對權？

論到上帝對萬有（包括我們）的擁有權，口裏承認是容易的，要言行一致就困難得多。為了表明你願意言行一致，請列出一個清單，寫下你認為屬於自己的一切——從你的居所，到你擁有的鐳射唱片。將這清單獻給上帝，求祂救你脫離對物質的依附，從而確認萬物都屬祂，而非屬你。

20
愛上帝

—

讀經

—

以色列年幼的時候，我愛他，
　　就從埃及召出我的兒子來。
先知越發招呼他們，
　　他們越發走開，
向諸巴力獻祭，
　　給雕刻的偶像燒香。
我原教導以法蓮行走，
　　用膀臂抱著他們，
他們卻不知道
　　是我醫治他們。

我用慈繩愛索牽引他們；

我待他們如人放鬆牛的兩腮夾板，

把糧食放在他們面前。（何十一1～4）

蓋恩夫人（Madame Guyon）說：「你要教人這簡單的體驗：發自內心的禱告。不要教人方法，或甚麼高妙的禱告方式。**你要教人發自上帝聖靈的禱告**，而非人心想出來的禱告。」[1]

發自內心的禱告，源於單純的愛。愛是我們心靈對上帝無比良善的回應，所以要用至真至誠的話與祂交談。在祂面前你可能給祂的愛深深打動，甚至不知所云，這是正常不過的事！若能夠經驗到曼寧（Brennan Manning）所形容「承受溫柔的智慧」，[2] 就已經很好了。

你可能獲賜一個用來呼喚上帝的特有名字，讓你像呼吸那樣輕輕道出，幫你重新尋回祂的臨在。這個暱稱可以簡單如「阿爸！父！」，也可以效法司布真（C. H. Spurgeon）最愛的名字：來自雅歌的「我的良人」。

假若心思紊亂，只須不斷呼喚你對上帝的暱稱，內心就會恢復澄明。你或許會在一小時內呼喚這暱稱五十遍，但這也等於向上帝表達了愛意五十遍。

要向天父說出愛與恩慈的話——乍聽這好像有點怪異且造作，因為你還未習慣愛上帝。然而你會漸漸發現，這些愛的言語，其實是身在愛中的人很自然的流露。

在禱告中睡著了，完全不是問題。你可以在上帝臨在中休息。再者，靠在上帝懷中，豈非最穩妥最安全的睡覺之處？《不知之雲》（*The Cloud of Unknowing*）作者認為，若在禱告中不經意睏著了，就感謝上帝吧。[3]

禱告短句「阿爸父，我屬於你」（"Abba, I belong to you"）是很能配合身體節奏的禱文，因為只有七個音節，可在一呼或一吸中說完。你也可以有其他類似的禱文。

誠然人人都要遵守大誡命，要盡心盡性盡意盡力愛上帝，但你會發覺愛上帝並不容易，一切努力恍似徒然。你對上帝的心又冷又硬。面對上帝的恩惠與慈愛，你卻不為所動。你對祂的眷愛與照顧毫無反應。你可以怎麼辦？

我建議你試試邀請上帝在你心中燃點愛火。求祂讓你扎心。每當遠離了祂，你又會再度扎心，提醒你要回到祂的大愛臨在中。

不過可能這服良藥仍未能幫你回轉，還有甚麼更苦更猛的藥方嗎？有的！我建議你試試鄧恩（John Donne）的禱文：「三一上帝，捶打我心。」[4] 這是鄧恩一首十四行詩第一句，描述作者心境——其時上帝的良善溫柔皆不足以令他悔改，所以他要求上帝用武力逼他就範：「以你大力擊我碎我毀我，使我更新。」這毫無疑問是很尖銳的禱詞，卻也可以帶來出人意表的果效。（《禱告真諦》）

反思

本章提到幾個操練「發自內心禱告」的方法，請按最適合你現況的方法去操練。

進到上帝跟前，在靜默中向祂表達愛意；也可以選一個簡短禱詞（例：「阿爸父，我屬於你」），在一呼一吸中反覆念誦。

求上帝在你心中燃點愛火；求上帝使你扎心，使你渴慕祂的臨在。

用鄧恩的禱詞向主傾訴：「以你大力擊我碎我毀我，使我更新。」也可以用你自己的話去表達類似心聲。

第 三 部

往外移動

PART THREE: MOVING OUTWARD

生命轉化、與主親密，二者果效俱為服事。我們蒙引領經過上帝的煅煉洪爐，決非只為自己益處，卻也為了別人益處。我們蒙恩投進上帝大愛懷抱，不僅為了體驗甚麼是不帶條件的愛與接納，也為了能夠向其他人付出這不帶條件的愛與接納。

本部篇章呼召我們服事他人。愛上帝的必然結果，是愛鄰舍。有上帝同在的生命，必然關顧窮人和無權勢者；而正如那位撒馬利亞人一樣，我們很快會在生命路途上遇見受傷破碎的人。

21
與窮人認同

—

讀經

—

你們怨恨那在城門口責備人的，
　　憎惡那說正直話的。

你們踐踏貧民，
　　向他們勒索麥子；
你們用鑿過的石頭建造房屋，
　　卻不得住在其內；
栽種美好的葡萄園，
　　卻不得喝所出的酒。
我知道你們的罪過何等多，

　　你們的罪惡何等大。

你們苦待義人，收受賄賂，
　　在城門口屈枉窮乏人。
所以通達人見這樣的時勢必靜默不言，
　　因為時勢真惡。

你們要求善，不要求惡，
　　就必存活。
這樣，耶和華——萬軍之上帝
　　必照你們所說的與你們同在。
要惡惡好善，
　　在城門口秉公行義；
或者耶和華——萬軍之上帝
　　向約瑟的餘民施恩。（摩五 10～15）

簡樸生活的另一種外在表現方式，是著意地與窮乏及被遺忘的人認同。這是耶穌基督常做的事，我們也要效法祂。認同方式可以有很多，總之要獻出愛心，付諸行動。

要有許多人為受壓迫者發聲，指出他們苦況，為他們伸冤。我們要在權貴面前為弱者發聲。基督徒要讓在位者聽到無聲者的聲音，看見不被看見者的臉孔。這豈不是摩西在法老面前所做的事？我們在權貴面前代表窮人，就成了基督的使者。昔日在美國西部的貴格會（Quaker）信徒，經常出席聯邦政府與印第安部族的條約談判，為印第安人尋求公義。以祿（Jacques Ellul）說：「我認為基督徒在每個不義與壓迫的處境中，既然不能訴諸暴力，就必須與被欺壓的一方站在同一陣線。」[1]

但我要提出一個警告：基督徒必須為真正的窮人和被遺忘者發聲。太多時候，基督徒卻似乎只站在處於上風的一方，或加入已有大量支持者的陣營。我們必須看透新聞報導的皮相（事實上媒體往往在幫倒忙），致力尋找真正的無權者。要與窮人站在同一陣線，就要掌握全面資訊。以祿提醒我們：「基督徒必須關懷人間疾苦，耗費心力尋找失喪的人，不可錯失時機。」[2]

這是個無償的事奉。我們願意聽聖靈指引，進到被棄者與無助者中間。我們捍衛的對象是毫無政治「本錢」的人。我們帶到官員及議員面前的課題，是世人置若罔聞的。我們將「微不足道」的小事提出來，令人感到不自在。但若我們要與窮困、被遺忘的人認同，就要做好上述的事。

另一個與窮人認同的方法，是進到他們中間。有些人蒙上帝引領以此為召命：住在窮人中間，與窮人共患難，為窮人禱告——在非洲有史懷哲（Albert Schweitzer），在日本有賀川豐彥。

不過我們大多數人蒙召進到被棄者中間的方式，未必很戲劇性。上帝可能感召我們參與監獄、醫院、安老院、精神病院的探訪事工；或是為失學少年補習；又或花時間與獨坐一隅的街童嬉戲玩耍。

我們的兒女也要加入我們的行列，與窮人認同。不讓兒女看見苦難與匱乏，對他們不是好事。假如將兒女困在富饒中，他們怎可能會對世上的淪落人懷有慈心？惟願我們與兒女攜手，一起走進人間苦況。

我們有多認真與窮人認同，見於我們對教育的態度。譬如說，我們視大學教育為躋身權貴的踏腳石，還是服事窮人的裝備？我們怎樣教導年輕人面對大學教育？敦促兒女讀大學，是否為了裝備他們服事窮人？還是以此籠絡他們，說畢業後就能得到高薪厚祿？難怪大學畢業生滿腦子都是自己的飯碗，而不是人間疾苦了。

立志跟隨耶穌足迹，就是蒙召站到窮人那邊。有一個問題值得我們在心中時常反思：當我們衡量自己的生活水平，你願意用窮人的諸般需要，還是用鄰人的生活享受作為準繩呢？（《返璞歸自由》）

反思

太多時候，窮人是不顯眼的——雖然我們樂享他們勞力的成果。怎樣可以讓自己更多留意到為我們付出勞力的人？

試用一個月時間，只在較貧窮的社區購物，看看有甚麼發現。

在你的影響範圍內，可以怎樣為無聲者發聲？

22
認罪日誌

讀經

你們中間有受苦的呢，他就該禱告；有喜樂的呢，他就該歌頌。你們中間有病了的呢，他就該請教會的長老來；他們可以奉主的名用油抹他，為他禱告。出於信心的祈禱要救那病人，主必叫他起來；他若犯了罪，也必蒙赦免。所以你們要彼此認罪，互相代求，使你們可以得醫治。義人祈禱所發的力量是大有功效的。（雅五13～16）

雖然我在聖經讀到「彼此認罪」的職事，但我從沒有親身體驗過——直到我牧養第一家教會。要向人敞開內心世界，是艱難的一步。我踏出那一步，並非出於甚麼重擔或罪疚感；事實上，我不覺得自己生命有何過失——除了一樣：我希望更有能力去做上帝的工作！面對要處理的許多問題和需要，我深感力有不逮。我覺得還有一些靈性資源，是我未曾涉獵的（而當時我已經歷了所有「聖靈經驗」——總之你說得出的，我都有經驗過！）我向上帝禱告說：「主啊，還有甚麼是你想我經歷的？我渴想被你征服，被你掌管！若有甚麼攔阻你能力在我生命湧流，求你讓我知道。」上帝真的讓我知道了——不是透過耳能聽到的聲音，而是在我心中生發了一個念頭，提醒我也許生命中某些往事攔阻了主的生命在我裏面湧流。因此我想出一個對策：將自己過往人生分為三個時期：童年、少年、成年。第一天，我在上帝面前禱告默想，拿著鉛筆和紙張，求上帝向我顯明童年時期有哪些如今需要饒恕及／或醫治的事。我全然靜默了大約十分鐘，然後將所有在意識中出現的童年往事記下——僅僅記下，不作任何分析或道德批判。我的信念是：上帝會向我啟示所有需要祂醫治的事。我記下一切，然後將紙筆擱在一旁。第二天我也做同樣的事，主題是少年往事。第三天是成年往事。

我帶著三天記下的事，去見主內一個弟兄。我一個禮拜前已跟他約好，所以他很清楚我們會見的目的。我講得很慢——有時萬分不情願——但我將記下的一切向弟兄道出，只在有需要說明時加少許解釋，讓他明白我犯了甚麼罪。我講完後，想將那張紙放回公事包，我的弟兄/輔導員/懺悔聆聽者卻滿有睿智，他溫柔地制止我，並將那張紙拿了過去。他不發一言，另一手取來廢紙簍，在我面前將那張紙撕得細碎。我看著碎片落在廢紙簍裏，那是極有力的赦罪意象！接著弟兄向我簡要宣告赦罪之恩：聖經說東離西有多遠，上帝叫我們的過犯離我們也有多遠。我感受到了。

然後，弟兄按手在我頭上為我祈求醫治，除掉過去的愁苦與傷痛。那個禱告的功效，今天仍活現在我生命裏。

我不能說自己經歷了甚麼戲劇性感受，我真的沒有。對我來說，整件事不過是順服上帝的一個行動，沒有絲毫被強迫的感覺。但我確信那次行動透過前所未知的方式釋放了我，令我似乎因此探索到一些關於聖靈的未知領域。(《靈命操練禮讚》)

反思

「彼此認罪」的職事如今變得罕見，你認為理由何在？與私下向上帝認罪相比，彼此認罪有甚麼獨特價值？

在上帝跟前，用五分鐘靜靜審視自己的生命。上帝有叫你為一些甚麼事認罪嗎？(如果上帝沒有向你啟示，就不要強行從潛意識發掘事件。) 如果上帝讓你記起一些事，就向祂認罪求饒恕；若不肯定自己是否已蒙饒恕，可以找一個能夠信任的基督徒，向對方說出你想認的罪，並尋求上帝饒恕。

23
真心饒恕

讀經

倘若你的弟兄得罪你，你就去，趁著只有他和你在一處的時候，指出他的錯來。他若聽你，你便得了你的弟兄；他若不聽，你就另外帶一兩個人同去，要憑兩三個人的口作見證，句句都可定準。若是不聽他們，就告訴教會；若是不聽教會，就看他像外邦人和稅吏一樣。我實在告訴你們，凡你們在地上所捆綁的，在天上也要捆綁；凡你們在地上所釋放的，在天上也要釋放。（太十八 15～18）

認罪是羣體的靈命操練，因為犯罪既冒犯上帝，也在基督徒團契中造成傷害。在基督教歷史的起初幾個世紀，赦罪與復和是漫長的醫治程序，犯罪者得以康復，是藉著整個基督徒羣體的服事。到了中世紀早期，赦罪與復和漸漸變成關乎個人的聖禮；其後從宗教改革開始，新教徒將赦罪與復和看為個人與上帝之間的私事。初代基督徒對認罪的看法與今人很不一樣，事實上，在馬太福音十八章，耶穌説明了認罪的羣體本質，並闡釋如何在羣體裏認罪，才不致為羣體帶來破壞。赦罪的是上帝，但上帝常常揀選人去成為祂饒恕的恩典管道。

人就是這樣：在「團契生活」中，或多或少總會彼此傷害。在這樣一個充滿傷害與受傷害者的羣體裏，饒恕是不可或缺的。要體驗饒恕的滋味，先要明白饒恕**不是**甚麼 —— 人對饒恕有四個常見的誤解。

其一，有人以為饒恕就是假裝滿不在乎。我們會説：「我沒事，我沒有受傷呀！」這不是饒恕，這是撒謊。愛與騙，是水火不容的。事實是我很在乎！若我避而不談，對事情毫無助益。人需要的不是逃避，而是復和。

其二，有人以為饒恕就是不會再痛。他們相信人若繼續覺得痛，就一定是因為未能夠真心饒恕。這根本不是事實。痛不是壞事，人可能仍會痛好一段日子。饒恕了得罪你的人，不等於不會再痛。

其三，有人想我們相信，饒恕就是忘記。人常掛在嘴邊的話是「饒恕了，也忘記吧」(forgive and forget)，但事實是我們不能忘記。我們仍會記得。不過饒恕了，就不再需要，也不再打算用過去的事來攻擊對方。記憶仍在，但報復心不見了。試圖強迫人忘記一些不能忘記的事，只會令人陷入窘困，也實在扭曲了饒恕的真義。

其四，很多人以為饒恕就是假裝雙方關係絲毫無損，一如往昔。這根本不可能，雙方關係必然不再一樣。我們還是坦然接受這**事實**好了。靠著上帝恩典，雙方關係可能比以前更勝百倍，但總之不會像以前一樣就是了。

真正的認罪與饒恕，能為基督徒羣體帶來喜樂，為雙方帶來醫治。最美好的是，人能夠與天父復和，因為正如主深愛的使徒所言：「我們若認自己的罪，上帝是信實的，是公義的，必要赦免我們的罪，洗淨我們一切的不義。」(約壹一9)(《靈命操練禮讚》)

反思

人對饒恕有哪四個常見的誤解？你曾親身體會過嗎？

想想你需要饒恕的某人：可能是長時期關係破裂，或近日發生的小風波，你要提醒自己在饒恕對方時，有甚麼事千萬不要做，然後求上帝幫助你可以真心饒恕對方。

延伸研習：人可蒙上帝饒恕的確據何在？參看約翰一書一章5至10節。

24
在平凡中禱告

讀經

在耶和華上帝造天地的日子，乃是這樣，野地還沒有草木，田間的菜蔬還沒有長起來；因為耶和華上帝還沒有降雨在地上，也沒有人耕地，但有霧氣從地上騰，滋潤遍地。耶和華上帝用地上的塵土造人，將生氣吹在他鼻孔裏，他就成了有靈的活人，名叫亞當。

耶和華上帝在東方的伊甸立了一個園子，把所造的人安置在那裏。耶和華上帝使各樣的樹從地裏長出來，可以悅人的眼目，其上的果子好作食物。園子當中又有生命樹和分別善惡的樹。

耶和華上帝將那人安置在伊甸園，使他修理，看守。（創二4下～9、15）

「你們或吃或喝，無論做甚麼，都要為榮耀上帝而行。」（林前十31）這是保羅給人的勸勉。我在十幾歲時有機會深刻體驗這勸勉的精義：那年暑假我去了阿拉斯加州科策布市（Kotzebue, Alaska），認識了一些愛斯基摩基督徒，他們對整全生命極有心得：禱告與工作，是二而一的。

我去科策布的原意是歷險：參與建造「北極圈內第一所中學」，但結果那任務並非甚麼歷險，而是艱難刻苦的勞動。某天我負責開掘一條用作排污的坑道——這工作在凍土地帶是苦差。忽然一個滿臉風霜的愛斯基摩長者站在一旁，他看了我好一會，然後淡淡道出一句簡單而深刻的話：「你是為上帝的榮耀在掘坑啊。」我知道他在鼓勵我，而我也至今沒有忘記他的話。其實除了那位愛斯基摩朋友，根本沒有任何人知道或關心我的坑掘得好或糟，因為不久這坑就長埋地下被人遺忘了，但就因他的那句話，我就全心全意去掘，每個動作都像向上帝發出禱告。其時我沒有察覺的是，在小事上盡力而為，就是效法中世紀偉大工匠的心態：他們連作品背向觀者的一面也會用心雕琢，知道人看不見的地方，上帝看得見。

布倫（Anthony Bloom）說得好：「惟獨付諸踐行的禱告，才是有意義的禱告。付諸踐行，就是生命與禱告水乳交融，不然禱告不過是客客氣氣的歌謠，在餘暇向上帝所作的獻禮而已。」[1] 我們勞力勞心的作為，就是付諸踐行的禱告，是獻給永生上帝的愛心奉禮。電影《烈火戰車》（*Chariots of Fire*）有一段擲地有聲的對白，是李愛銳（Eric Liddell）對妹妹說：「珍妮呀，我跑的時候，感受到祂的喜悅啊！」這是貫徹一切召命的現實，不論在寫小說或洗廁所。

很多人就是在洗廁所時出了問題——我們不難在米開朗基羅（Michelangelo）或艾略特（T. S. Eliot）身上發現上帝的榮耀，他們的創作召命十分明顯。但那些乏味、不重要、平平無奇的差事呢，怎可成為付諸踐行的禱告？

在此我們體會上帝國度的定律：正正在一些我們嫌厭的差事中，最能發現上帝的蹤迹。為上帝的榮耀作工，實在毋須心裏覺得愜意或火熱，一切善工必蒙天父

喜悅，就算是我們眼中看似無意義無心思的差事，按天國定律卻是價值連城。上帝看重平凡事。(《禱告真諦》)

反思

你覺得你的工作是禱告的攔阻，抑或是禱告本身？

禱告、吃早餐、洗碗碟、開車上班、打球、上教堂……哪些活動是「屬靈」的？怎樣可以為上帝的榮耀而做好上述每件事？

不工作也能夠榮耀上帝嗎？

25
蒙聖靈引導的百姓

讀經

在安提阿的教會中，有幾位先知和教師，就是巴拿巴和稱呼尼結的西面、古利奈人路求，與分封之王希律同養的馬念，並掃羅。他們事奉主、禁食的時候，聖靈說：「要為我分派巴拿巴和掃羅，去做我召他們所做的工。」於是禁食禱告，按手在他們頭上，就打發他們去了。（徒十三1～3）

今日世代，宇宙萬物引頸翹望，期待著一羣由聖靈帶領、被聖靈充溢、由聖靈加力的上帝子民出現。受造之物亟盼一羣有紀律、自願聚集、甘心為主捨命的子民冒起，是嘗過天國的生命與大能的。這樣的事從前發生過，也可以再發生。

的確，在今日世界各地的教會運動中，我們可以看見由聖靈激發的使徒式教會（apostolic church）大大興起。許多人深深經歷聖靈所賜的以馬內利——上帝與我們同在。他們認識到耶穌藉著聖靈的大能，親臨世間指引祂的子民；他們經驗到耶穌的帶領，這帶領既具體又及時，就像日間的雲柱、夜間的火柱。

然而僅僅知道我們擁有聖靈直接、主動、及時的引領，是不足夠的，個人指引必須服從於羣體指引。也就是說，我們必須知道信徒還可以一**起**經歷聖靈直接、主動、及時的引領。我所說的「羣體指引」不關乎組織架構，而是一種有機的、起作用的「羣體指引」，因此不關乎堂議會的決議，或宗派從上而下的指令。

被稱為「亞西西貧瘦修道士」的聖方濟各（St. Francis of Assisi），是聽取上帝指引的模範。在他生命某個階段，曾經落入「極大懷疑掙扎」中，因為他不知道應該按當時的普遍做法，單單委身禱告默想，還是也要四出傳道。聖方濟各明智地求教於人。「他的生命滿有謙卑，這謙卑容不得他僅僅信靠自己或自己的禱告，因此他求問別人，為要尋求上帝在這事上的旨意。」

他寫信給兩個最信任的朋友——嘉勒修女（Sister Clare）和思維修士（Brother Silvester），求他們為他的事去面晤「更純全更屬靈的伙伴」，尋問上帝的旨意。很快，他們為此事聚集禱告，然後嘉勒修女和思維修士給了聖方濟各一個異口同聲的回覆。

送信人回到聖方濟各面前，聖方濟各先為他洗腳，又給他預備飯食。飯後聖方濟各跪在送信人跟前，問道：「我主耶穌基督的吩咐是甚麼呢？」送信人說：「這是基督的啟示：祂希望你出去四處傳道，因為上帝呼召你，不僅為了拯救你，也為了拯救其他人。」聖方濟各認定這是來自基督的信息，就跳起來，說：「好，我們去吧——奉主的名！」他馬上開展傳道職事。早期方濟各會成功糅合密契式默觀與傳福音熱忱，可以追溯到聖方濟各這經歷。

從這經歷可見，聖方濟各不但尋問智者的意見，更重要的是，他要打開一個通天的窗戶，讓自己知道基督心意。他其後亦按照主的心意而行，為自己服事的所有人求益處。（《靈命操練禮讚》）

反思

與「個人尋問上帝旨意」相比，「羣體指引」有何難處、有何好處？

我們教會的會議及委員會有「被聖靈引領」的表現嗎？我們決議的理據是甚麼？

怎樣在家庭、公司、教會開始「讓聖靈引領」的操練？

延伸研習：細讀使徒行傳前半卷書（一至十五章），留意「羣體指引」對初代教會成長的重要性。

26
性——男與女

讀經

上帝說：「我們要照著我們的形像、按著我們的樣式造人，使他們管理海裏的魚、空中的鳥、地上的牲畜，和全地，並地上所爬的一切昆蟲。」上帝就照著自己的形像造人，乃是照著他的形像造男造女。上帝就賜福給他們，又對他們說：「要生養眾多，遍滿地面，治理這地，也要管理海裏的魚、空中的鳥，和地上各樣行動的活物。」（創一 26～28）

創世記一章對「性」（sexuality）有簡要而精彩的評註。故事起首很澎湃：上帝發聲創造宇宙萬物，而一切受造物都是甚好的。（拜託，讓我們把這觀念弄清楚：一切物質都是好的，都不應被嫌厭。我們亟需復興關乎創造的教義，就是高舉上帝是創造主，一切受造物都是美好的。）

人是上帝創世的巔峯。聖經那簡要卻尊貴的描述，讓我們知道人與其他一切受造物都不一樣，因為人是按上帝形像（*imago Dei*）而造。須留意「性」與上帝形像的緊密關連：「上帝就照著自己的形像造人，乃是**照著他的形像造男造女**。」（創一27）這乍看好像很怪，但「性」——男與女——與人按上帝形像受造這事實似乎甚有關連。

巴特（Karl Barth）是首位幫助我們發現聖經這重大宣告（「性」植根於上帝形像）的神學宗師，他讓我們明白「關係」是「照著上帝形像」的精義所在，而男女之間的關係，正正象徵人與上帝的關係。

人有男女之別，斷不是偶然的安排，也不僅是一種延續人類生命的方便之門。不！「性」是人性的軸心。人以男與女的身分，存在於關係中。人的「性」——愛與被愛的能力——與人按上帝形像受造的事實息息相關。這對「性」是何等高的評價啊！

此外須留意一事：聖經對關係的重視，有助我們認識「性」。今日色情行業與色情商品的問題，並非對「性」強調得太多——而是強調得不夠：它們完全排除了「關係」的要素，將焦點僅僅放在性器官之上。這樣做實在大大貶低了「性」的意義。

聖經對「性」的觀點豐富得太多了！邊喝茶邊閒談、談論一本好書、一起觀賞日落——這都是「性」的極致，充分表現男女的親密關係。房事誠然是整幅圖畫的一部分，但它所佔的比例其實遠低於一般所想；「性」並不止於性愛。（《基督徒看錢、性與權勢》）

反思

人常覺得基督徒對「性」的看法很負面很壓抑，你會怎樣說服朋友：其實基督信仰對「性」的評價很高？

為何這個世代將「性」聯繫於「隱密」與「犯禁」？人在墮落之前，亞當和夏娃「赤身露體，並不羞恥」，其後出現了甚麼變化？

延伸研習：細讀雅歌，看聖經如何赤裸裸地禮讚「性」。這卷書就上帝對「性」的看法有何啟示？

27
奉獻是恩典

—

讀經

—

這樣禁食豈是我所揀選、
　　使人刻苦己心的日子嗎？
豈是叫人垂頭像葦子，
　　用麻布和爐灰鋪在他以下嗎？
你這可稱為禁食、
　　為耶和華所悅納的日子嗎？

我所揀選的禁食
不是要鬆開凶惡的繩，
　　解下軛上的索，

使被欺壓的得自由，
　　折斷一切的軛嗎？
不是要把你的餅分給飢餓的人，
　　將飄流的窮人接到你家中，
見赤身的給他衣服遮體，
　　顧恤自己的骨肉而不掩藏嗎？
這樣，你的光就必發現如早晨的光；
　　你所得的醫治要速速發明。
你的公義必在你前面行；
　　耶和華的榮光必作你的後盾。（賽五十八5～8）

奉獻是恩典，也是信心生活的靈丹妙藥，因此教會將奉獻放在主日禮拜環節裏，是正確不過的事。

以賽亞書五十八章描述一個沉醉於宗教的民族，只是他們的虔誠言行都是徒然，因為他們對窮困、受壓的人關顧不足。上帝對他們說：「我所揀選的禁食不是要鬆開凶惡的繩，解下軛上的索，使被欺壓的得自由，折斷一切的軛嗎？」（賽五十八6）敬虔而缺乏公義，是虛空的。假如你希望自己的禁食有真正的屬靈內涵，就要「把你的餅分給飢餓的人，將飄流的窮人接到你家中」(賽五十八7)。

假若靈命陷入低谷、讀經只聽到老調、禱告空洞乏力，也許是時候試試甘心樂意地奉獻了。奉獻讓我們的靈修生活更真實更有活力。

金錢很能表明我們對上帝的愛，因為金錢早已成了我們一部分。有個經濟學家說得好：「金錢是一種力量，而它與擁有者的關係已變得非常密切，甚至可以說，奉獻金錢與奉獻自己，幾乎成了同義詞。」[1] 金錢可說是自我的化身，與人息息相關，以至付出金錢就是付出自己。聖詩歌詞有云：「願我生命為主用，求主收納作主工。」但這奉獻必須付諸行動，因此其後歌詞亦云：「願我銀錢為主用，分文都為主獻奉。」我們將自己的錢財分別為聖，也就是將自己分別為聖。

醫生梅林哲(Dr. Karl Menninger)曾經問一位很富有的病人：「你的錢那麼多，究竟有甚麼打算？」病人回答：「沒有啊，就是擔心而已！」梅林哲追問：「那麼，你這樣擔心，有甚麼樂趣嗎？」病人說：「沒有呀，但要我分一點給別人嗎？卻更使我驚恐！」[2]

這「驚恐」很真實：拋棄一部分的財產，就是拋棄一部分的自我，以及一部分的安全感——但這正正是人要

拋棄錢財的重大原因，因為這是遵從耶穌吩咐的方法：「若有人要跟從我，就當捨己，天天背起他的十字架來跟從我。」（路九23）

捐出金錢，就是拋棄少許自我中心的自我，以及少許虛假的安全感。衛斯理（John Wesley）說：「你想逃離地獄的刑罰嗎？你要拋棄一切財產，否則你得救的盼望，跟加略人猶大同樣渺茫。」[3]

奉獻可釋放我們脫離金錢奴役。但我們要奉獻的不僅是金錢，也要奉獻金錢能買的東西。使徒行傳記載初代基督徒變賣田產房屋，將所得奉獻給窮人（徒四32～37）。有想過將你的車子或珍藏郵票賣掉，將所得資助他人的教育經費嗎？金錢也可助人獲得時間與閒暇去學習技能，你可以奉獻這些技能嗎？醫生、牙醫、律師、電腦專家以及其他專才，可以獻出他們的技能，讓社會大眾得益。

奉獻釋出關懷。我們求問上帝，亦期待祂帶領我們去為何事作出具體奉獻。與上帝同行的生命，是充滿新發現的歷程。我們蒙上帝使用，令世界變得不一樣，這正正是我們生活與奉獻的最大意義。[4]（《基督徒看錢、性與權勢》）

反思

「奉獻金錢與奉獻自己，幾乎成了同義詞」，這話有多真確？

若然即將要拋棄錢財，你會有甚麼感覺？這些恐懼或感覺的根源是甚麼？

檢視你在上帝跟前的奉獻——不僅是金錢，也包括你的技能與資產。其中一個方法，是列出可以奉獻的所有東西，然後求上帝引領你善用那些東西去造福人羣。

28
靈力

—

讀經

—

我若能說萬人的方言，並天使的話語，卻沒有愛，我就成了鳴的鑼，響的鈸一般。我若有先知講道之能，也明白各樣的奧祕，各樣的知識，而且有全備的信，叫我能夠移山，卻沒有愛，我就算不得甚麼。我若將所有的賙濟窮人，又捨己身叫人焚燒，卻沒有愛，仍然與我無益。

愛是恒久忍耐，又有恩慈；愛是不嫉妒；愛是不自誇，不張狂，不做害羞的事，不求自己的益處，不輕易發怒，不計算人的惡，不喜歡不義，只喜歡真理；凡事包容，凡事相信，凡事盼望，凡事忍耐。（林前十三 1～7）

創造力是一種靈力（spiritual power），靈力與人力（human power）迥然不同。使徒保羅提到「肉體」，指的是由人引發、不求上帝恩助的活動。人可以靠肉體力量做許多事，惟獨做不到上帝聖靈的工。肉體的能力倚仗的是家世、地位、人脈等等，但保羅丟棄了肉體，並宣告已將這一切視為「糞土」，因為他的眼目放在更大的能力之上：「……認識基督，曉得他復活的大能，並且曉得和他一同受苦，效法他的死，或者我也得以從死裏復活。」（腓三 10 ～ 11）

當人拚命追求「糞土」—— 人的能力，我們就會知道他們對「基督復活大能」所知甚少。究竟這從上帝而來的能力有何標記？

靈力的首個標記，是愛。愛要求人運用屬靈能力，來為別人謀求益處。試看耶穌所使出的能力 —— 醫治盲的、病的、跛的、啞的、患大痲瘋的，還有其他窘困的。醫生路加留意到「眾人都想要摸他〔耶穌〕；因為有能力從他身上發出來，醫好了他們」。每次醫治都是為了別人的益處，背後動機都是愛。在基督裏的能力，是用來粉碎邪惡，令愛可以為人帶來益處。

用來沽名釣譽、稱賞自我的能力，並不出於愛心。

上帝在路司得使用保羅和巴拿巴醫治一個瘸子，滿心驚詫的羣眾將他們奉若神明，保羅和巴拿巴卻馬上撕裂外衣，高呼道：「我們也是人，性情和你們一樣。」（徒十四 15）我們許多人可能不覺得被捧為神明有何不妥——我們可以大大影響世人啊！可以運用這影響力達成崇高的目標！但用來提高名聲的能力，總會敗壞其使用者，因為有了這能力，就會想自封為神。

這將我們帶到靈力的第二個標記：謙卑。謙卑就是受控的能力。能力加上傲慢，再沒有比這更危險的了。能力加上謙卑的制約，其使用者就是受教的人。亞波羅是大有能力的傳道者，卻同時甘心受教（徒十八 24～26）。彼得的事奉何其亮麗，卻也數度犯下嚴重錯誤，不過當人指出他的錯處，他就謙卑下來，改弦更張（例：徒十 1～35；加二 11～21）。

請相信我：這不是小事。很多人在與上帝同行的路上仆倒了，無非因為能力欠了謙卑的制約。只有能力沒有謙卑，絕對不是福分。（《基督徒看錢、性與權勢》）

反思

你可能覺得自己在能力的事上不會出問題——你要問問自己：你在甚麼事上或對甚麼人在行使權力（不論權力多寡）：在家裏？身為父母？身為子女？身為朋友？身為雇員？身會教會會友？你在社區裏擁有甚麼位分？

重讀哥林多前書十三章論愛的著名篇章，以它為標準，檢視你在上述範疇行使權力的方式：你是否忍耐、良善、不嫉妒、不自誇、不張狂？

延伸研習：細讀撒母耳記上掃羅對大衛的嫉妒，這裏顯示了人對權力的戀棧，怎樣毒害並破壞人際關係。

29
世間的真相

讀經

上帝愛世人，甚至將他的獨生子賜給他們，叫一切信他的，不致滅亡，反得永生。因為上帝差他的兒子降世，不是要定世人的罪，乃是要叫世人因他得救。信他的人，不被定罪；不信的人，罪已經定了，因為他不信上帝獨生子的名。光來到世間，世人因自己的行為是惡的，不愛光，倒愛黑暗，定他們的罪就是在此。凡作惡的便恨光，並不來就光，恐怕他的行為受責備。但行真理的必來就光，要顯明他所行的是靠上帝而行。（約三 16～21）

面對二十世紀即將完結，我們要有勇氣去看世間的真相。很多人缺乏這勇氣。有一位女士，是既富有又受過良好教育的專業人士，她說出了社會大眾的心聲：「我恨透全球一體化的觀念⋯⋯它毀了我的人生。我不能忍受那許多慘況、暴力、不義的圖像，不斷透過電視闖進我的客廳。」[1] 人人或多或少有這感受吧？我們都被世間難題的洪濤淹沒，卻又無力回應。

但我們切不可退縮到自我中心的本位主義安樂窩中，更不能對世界大事視若無睹，或以末世論的花言巧語去推卸責任。我們不可對世間饑饉苦況充耳不聞，詭辯說這些事在基督再來前必須發生。求上帝開人的眼睛耳朵，能夠看見聽見世間的悲劇與呼喊。

世間的真相是甚麼？三十億人還未聽過耶穌基督的救世福音。大約二十五億人身處福音不能及的文化中。他們至死不會聽聞福音。我們要是繼續若無其事，根本就不可能完成普世宣教的大使命。

世間的真相是甚麼？貧富懸殊情況嚴重，而且貧富差距愈來愈大。三分二的世界人口（超過一百個國家）糧食不足，但少數富裕國家卻積累著史無前例的財富。

世間的真相是甚麼？國與國之間相互依賴，關係不可逆轉。如今美國有近半的主要資源需從海外進口，同時出口大量食物和科技。任何地方任何國家政策，影響無遠弗屆。無論我們是否準備好，喜歡與否，國與國已結合在一起，不可能分開。

世間的真相是甚麼？地球人口太多、消耗太多。如今世界人口每天淨增長二十萬（即每年七千三百萬）。無人知道地球可以容納多少人口，但似乎已到極限。人口過多是第三、第四世界的問題，消耗過多是西方世界的問題。以今年為例，平均一個美國孩童消耗的世界資源，是一個印度孩童的二十倍。蓄意或有意的浪費行為，是西方世界經濟主軸。我們吃得太多、買得太多、建造太多，將有毒廢料不斷排放到大地，又排放到空中。

但這黯澹的圖畫不是最後的結局，盼望才是。我們並非囚於決定論，改變是可能的。赤裸裸的不公平，是可以消除的；饑饉是可以消滅的。基督的生命信息可以傳到萬民當中；掌管一切的主，願意透過祂的子民來改變世界。我們要挺起胸膛，在地上邁開大步，靠著聖靈大能以善勝惡。（《返璞歸自由》）

反思

在今日的禱告中面對世界，將世間的痛苦、不義、患難帶到創造主跟前。翻開報章（建議看國際新聞版），將報章鋪在地上，讓它成為禱告焦點（若你家中沒有報紙，可以收聽電視或電台新聞報導）。靜靜將每件大事帶到上帝跟前，求上帝讓你看見新聞、制度、政治背後的靈性與道德含義。最後求問上帝，你可以怎樣為世事祈求盼望與改變。

30
禱告不懈

讀經

耶穌設一個比喻，是要人常常禱告，不可灰心。說：「某城裏有一個官，不懼怕神，也不尊重世人。那城裏有個寡婦，常到他那裏，說：『我有一個對頭，求你給我伸冤。』他多日不准，後來心裏說：『我雖不懼怕神，也不尊重世人，只因這寡婦煩擾我，我就給她伸冤吧，免得她常來纏磨我！』」主說：「你們聽這不義之官所說的話。上帝的選民晝夜呼籲他，他縱然為他們忍了多時，豈不終久給他們伸冤嗎？我告訴你們，要快快地給他們伸冤了。然而，人子來的時候，遇得見世上有信德嗎？」（路十八1～8）

我們開始為人禱告，很快會發現太容易受挫了，因為成效似乎姍姍來遲又難以捉摸。其實我們踏進了一個奇怪領域，在此「上帝的影響」與「人的自主」同時存在。上帝從不強迫人，因此上帝的影響並不排除所有可能。沒有人是不由自主地順服上帝的。

上帝這個性情——這種尊重、這種溫文與忍耐——是人難以領受的，因為人的行事方式很不一樣。有的人惹我們動氣，我們會氣得想打開他們的頭蓋骨，好好修理他們的腦袋！但這是我們的想法，不是上帝的想法。上帝的道路高於我們的道路。上帝的道像輕輕飄落地上的雨和雪，無聲無息滋潤土壤，時候到了，就有新生命冒現，沒有操控，沒有播弄，只有完全的自由與釋放。這才是上帝的道路（賽五十五 8 ～ 11）。

這過程是人難以領受的，人很容易感到挫敗。我想耶穌太了解我們了，因此不止一次教導我們必須堅持不懈——就是那些勸人不要灰心的比喻，他甚至明言為何要講這些比喻，乃是要我們「常常禱告，不可灰心」（路十八 1）。

這些比喻對我尤其寶貴，因為我真的很容易灰心。你可能明白我的意思：我們禱告一次兩次，若是沒有結果，很快就轉到別的事去了，又或自憐自傷，甚至從此放棄禱告。我們一味要快，就像按掣開燈，若燈不馬上亮起，就高呼道：「唷，這裏沒有電哦！」

但耶穌賜我們迥異的禱告觀點。禱告有點像個孤立無援的寡婦，不肯接受自己的無助境況，卻敢於面對不義，而她的堅持也修成正果（路十八 1～8）。禱告又有點像強迫一個鄰居，幫你向異鄉人提供食物——雖然這樣做，相當不便，但若未能向異鄉人提供食物，全村人的名聲都會受損（路十一 5～13）。上述兩個比喻都教導人要堅持不懈。我們要不斷呼求，不斷尋找，不斷叩門。

有個宗教詞語能描述上述事情，名為祈求。祈求就是以誠懇、熱忱、不懈的心去呼求。這是一個宣言：我們對禱告這事萬分認真。我們會不斷禱告，不會放棄。加爾文（John Calvin）說：「我們必須作出同一個祈求，不是兩遍或三遍，而是按我們的需要，管它求了百遍千遍……我們等候上帝幫助，千萬不可灰心。」[1]（《禱告真諦》）

反思

回想上帝在過去幾個禮拜教你的功課，翻查你的靈修日誌(如有)，可以用以下問題幫你檢討：

我學會了或經歷了甚麼新功課？

我想為些甚麼事感謝上帝？

靠著上帝的幫助，我要下決心做甚麼來改善禱告生活？

註釋

01 攔阻我們禱告的是甚麼？

1. Emilie Griffin, *Clinging: The Experience of Prayer* (San Francisco: Harper & Row, 1984), 5.

02 上帝的饒恕

1. C. S. Lewis, *Letters to Malcolm: Chiefly on Prayer* (New York: Harcourt, Brace & World, 1964), 98.
2. Phineas Fletcher, untitled poem from *Hail, Gladdening Light: Music of the English Church*, Cambridge Singers dir. John Rutter (UK: Collegium Records, COLCD 113, 1991) Stereo/digital compact disc.

03 客西馬尼園的學習

1. Catherine Marshall, *Beyond Our Selves* (New York: McGraw-Hill, 1961), 94.

05 尋求靜默

1. John Woolman, *The Journal of John Woolman* (Secaucus, NJ: Citadel, 1972), 11.

06 神聖順從

1. Thomas Kelly, *A Testament of Devotion* (New York: Harper & Row, 1941), 53.

07 說「不」

1. Thomas Kelly, *A Testament of Devotion* (New York: Harper & Row, 1941), 115.
2. Kelly, *A Testament of Devotion*, 115.
3. Kelly, *A Testament of Devotion*, 115 ～ 116.

11 默想為何？

1. Thomas à Kempis, *The Imitation of Christ* (Garden City, NY:

Image, 1955), 85.

12 大自然之書

1. Martin Buber, *Tales of the Hasidim: Early Masters* (New York: Schocken, 1948), 111.
2. André Gide, *If It Dies,* trans. Dorothy Bussey (New York: Random House, 1935), 83.
3. Evelyn Underhill, *Practical Mysticism* (New York: World, Meridian, 1955), 93 ～ 94.
4. Fyodor Dostoyevsky, *The Brothers Karamazov* (London: Penguin, 1970).

14 內在的安靜

1. François Fénelon, *Christian Perfection* (Minneapolis, MN: Bethany Fellowship, 1975), 4.

15 感激的軸心

1. Sue Monk Kidd, *God's Joyful Surprise* (San Francisco, CA: Harper & Row, 1987), 200.

16 安息的禱告

1. Anthony Bloom, *Beginning to Pray* (New York: Paulist, 1970), 92～94.

17 耶穌為我們禱告

1. P. T. Forsyth, *The Soul of Prayer* (Grand Rapids, MI: Eerdmans, 1916), 32.
2. Thomas Kelly, *A Testament of Devotion* (New York: Harper & Row, 1941), 45.
3. C. S. Lewis, *Letters to Malcolm: Chiefly on Prayer* (New York: Harcourt, Brace & World), 67～68.

18 通向謙卑之門

1. Thomas Kelly, *A Testament of Devotion* (New York: Harper & Row, 1941), 69.

19 我的？上帝的？

1. 引自 Edward W. Bauman, *Where Your Treasure Is* (Arlington, VA: Bauman Bible Telecasts, 1980), 73。

20 愛上帝

1. Madame Guyon, *Experiencing the Depths of Jesus Christ* (Goleta, CA: Christian Books, 1975), 122.
2. 參 Brennan Manning, *The Wisdom of Accepted Tenderness: Going Deeper into the Abba Experience* (Denville, NJ: Dimension Books, 1978)。
3. 參 Mary Clare Vincent, *The Life of Prayer and the Way to God* (Still River, MA: St. Bede's Publications, 1982), 81。
4. *The Complete Poems of John Donne,* ed. Walter Hendricks (Chicago: Packard, 1942), 270 ～ 271.

21 與窮人認同

1. Jacques Ellul, *Violence: Reflections from a Christian Perspective* (New York: Seabury, 1969), 151.
2. Ellul, *Violence*, 155.

24 在平凡中禱告

1. Anthony Bloom, *Beginning to Pray* (New York: Paulist, 1970), 59.

27 奉獻是恩典

1. 引自 Edward W. Bauman, *Where Your Treasure Is* (Arlington, VA: Bauman Bible Telecasts), 113。
2. 引自 Bauman, *Where Your Treasure Is*, 89 ～ 90。
3. 引自 Dallas Willard, "The Disciple's Solidarity with the Poor," 1984, 15。此論文未經發表。
4. 我對「奉獻是恩典」的想法源於 Lynda Graybeal，謹此致意。

29 世間的真相

1. James Scherer, *Global Living Here and Now* (New York: Friendship Press, 1974), 6.

30 禱告不懈

1. John Calvin, *Sermons on the Epistle to the Ephesians* (Edinburgh: Banner of Truth Trust, 1975), 683.

Book excerpts are as follows:

Chapters 1, 2, 3, 6, 9, 13, 15, 16, 17, 20, 24, 30 from *Prayer* by Richard J. Foster. Copyright © 1992 by Richard J. Foster.

Chapters 4, 5, 10, 11, 12, 14, 22, 23, 25 from *Celebration of Discipline* by Richard J. Foster. Copyright © 1989 by Richard J. Foster.

Chapters 7, 8, 18, 21, 29 from *Freedom of Simplicity* by Richard J. Foster. Copyright © 1981 by Richard J. Foster.

Chapters 19, 26, 27, 28 from *The Challenge of the Disciplined Life* by Richard J. Foster. Copyright © 1985 by Richard J. Foster.

All of the above are reprinted by permission of HarperCollins Publishers, Inc.